跑步者说

林路 ◎ 著

THE RUNNER SAID

当代世界出版社

图书在版编目（CIP）数据

跑步者说 / 林路著. — 北京：当代世界出版社，2016.5
ISBN 978-7-5090-1090-7
Ⅰ. ①跑… Ⅱ. ①林… Ⅲ. ①跑—健身运动 Ⅳ. ①G822
中国版本图书馆CIP数据核字（2016）第059175号

书　　名：	跑步者说
出版发行：	当代世界出版社
地　　址：	北京市复兴路4号（100860）
网　　址：	http://www.worldpress.com.cn
编务电话：	(010) 83907332
发行电话：	(010) 83908409
	(010) 83908455
	(010) 83908377
	(010) 83908423（邮购）
	(010) 83908410（传真）
经　　销：	全国新华书店
印　　刷：	北京毅峰迅捷印刷有限公司
开　　本：	889毫米×1194毫米　1/32
印　　张：	8
字　　数：	148千字
版　　次：	2016年6月第1版
印　　次：	2016年6月第1次
书　　号：	ISBN 978-7-5090-1090-7
定　　价：	32.00元

如发现印装质量问题，请与承印厂联系调换。
版权所有，翻印必究；未经许可，不得转载！

如果你爱他

就让他去跑步

如果你恨他

也让他去跑步

不必告诉他

这里是天堂

奔跑时

他就是天使

即使

没有魔鬼的追赶他也会奔跑

跑 步 者 说

前言

换一种方式修行

"我写小说的许多方法,是每天清晨沿着道路跑步时学到的,是自然地,切身地,以及实际地学到的。我想把这二十五年来一面在路上奔跑,一面片段式地思考的东西集结成书。"这是村上春树在《当我谈跑步时我谈些什么》中说的。

当一个人选择以跑步作为健身方式的时候,会忽然发现,跑步这件事情已经远远超越了运动范畴。跑步犹如一个容器,除了满足个人基本的健身需要之外,它还是一种纯粹而淡然的生活方式,一种自由而积极的修行方式。它是一种文化,一种精神,一门哲学。

跑步可以健身,可以减肥,通过它可以得到健康,可以缓解压力，这是很多初试跑步者选择它的原因。尤其对于很多稍感肥胖的女性而言，跑步可以使她瘦身、自主、自爱、活跃、时尚、自信，甚至会有点性感。不过遗憾的是，在运动和节食、吃药之间，大多数女性朋友选择了后两者。

在电影《阿甘正传》中，有这样一句话："生活就像一盒巧克力，你永远不知道下一颗是什么味道。"阿甘一路跑来，跑出了一段美国发展和进步的历史，也印证了属于他自己的人生哲学。阿甘不停地跑，就像生命在不停地前进，跑步成了生命不断前进的象征。

作为生命延续的一种体现，跑步可以是人们的一种生活方式，负载某种类似观念，在跑步的过程中，你可以更好地思考，更好地应对生活，去仔细想一想自己想要、需要和追逐的到底是什么。

不过于我而言，这些都仿佛不存在。如果说世界上有一项运动是平等的，那么它就是跑步了吧，男女老少，人人皆宜。越是发达强盛的国家，参与跑步的人越多。享受跑步带来的快乐，感受宇宙的平等和自由，似乎是我更在乎的东西。

我不断地将自己放空，跑步因而也变得越来越纯粹。最简单的东西，往往是最基本的。跑多快，跑多远，怎么跑，这不是人类社会规则给你的限制，仅仅是你自己的决定。在放弃胡思乱想和时间等限制后，我感受到了前所未有的快乐和自由，这也是我最想向读者传达的观点。

你也许会说，这些都好难的，我们这些初学跑步者怎么可能做到？如果不能爱上一项运动，那么你确实做不到。为什么说跑步是最能锻炼一个人的意志力的呢？大概原因就在于此。你需要坚持，但仅有坚持是不够的，还需要科学的训练，并且要倾听自己内心的声音，否则你可能会受到伤害。

所以，跑步的过程，绝不仅仅是健身的过程，更是认识自己的过程。在平缓而有规律的呼吸中你可以重新认识自己，跑步会让你的心灵不断自我觉醒。越跑步离自己的内心就越近。

这时，所有的不快都可以得到释放，心在不断地沉淀，想法却开足了马力往外冒，之前不能解决的问题，也有了解决的办法。多么神奇的事情，原来，跑步也可以是一种很好的修行方式。

林路

2016 年 3 月

目录
contents

PART 1 独白

第一章 开始

1. 认识我们的身体 /004
2. 跑步塑造你的健美身材 /008
3. 跑步让女人不一样 /012
4. 坚持跑步会发生什么 /015
5. 跑步是人类最原始的冲动 /019
6. 在跑步中突破自我 /022

第二章　享受

1. 跑步是运动的初恋 /028
2. 让灵魂从此快乐起来 /030
3. 孤独的美感无法共享 /033
4. 跑步是锻炼意志最好的形式 /036
5. 跑步者的终极快乐 /039
6. 还原游戏状态重拾快乐 /041
7. 让自己高贵而时尚起来 /043

第三章　邂逅

1. 清晨是最美的相逢 /046
2. 进入天堂的最好姿态 /048
3. 越过种种羁绊到达灵魂的彼岸 /050
4. 平凡之路上的坚强信仰 /051
5. 一场跑步，一场修行 /053

第四章　杂记

1. 等待跑步的时间往往很长 /060
2. 在路上唤醒你的回忆 /061

3. 跑步的足迹是你的财富 /064

4. 跑步机是无奈的发明 /066

5. 坚持并不一定有结果 /068

第五章 折磨

1. 身体透支很可怕 /074

2. 专业不一定最合适 /076

3. 学会休息让跑步更轻松 /078

4. 有效避免跑步带来的损伤 /081

5. 跑步中的呼吸和极点 /083

6. 跑步不必追求速度 /085

第六章 蜕变

1. 像一个哲人那样去跑步 /090

2. 拥抱生命中最纯粹的时光 /093

3. 体育的根本精神是什么 /095

4. 在跑步中寻找人生的答案 /096

5. 成为跑道上的自在舞者 /099

第七章　自由

1. 感受宇宙的平等与自由 /104
2. 不再为跑步而跑步 /107
3. 纯净无杂质的生命形态 /109
4. 越跑步越洒脱、越快乐 /112

第八章　远方

1. 距离是跑步者永恒的向往 /116
2. 路就在你的脚下延伸 /119
3. 让瞬间连缀成一场舞蹈 /122
4. 生命的洗礼 /125
5. 人生不能重来 /129

PART 2　训练

第一章　动作

1．跑前热身必不可少 /136

2．用标准动作跑步 /143

3．三个阶段的动作要领 /149

4．规范动作可以提高速度 /151

5．跑步训练的主要方法 /153

第二章 呼吸和心率

1. 跑步呼吸的方法 /162
2. 跑步中的三个呼吸现象 /164
3. 跑步时心率的测定方法 /168
4. 配速与心率控制 /171

第三章 损伤与恢复

1. 运动后的一般恢复 /176
2. 运动后的深度恢复 /182
3. 运动后的超量恢复 /185
4. 跑步中的慢性受伤 /188
5. 跑步中的急性受伤 /191
6. 科学预防跑步引起的损伤 /193

第四章 营养

1. 每天需补充的六种营养 /198
2. 提高升糖指数是关键 /202
3. 肌肉肝糖的超补方法 /205
4. 跑步后如何进行科学补水 /206
5. 训练前的饮食安排 /209

第五章　常识

1． 什么人不适合跑步 /214
2． 早上跑还是晚上跑 /217
3． 跑步对环境的要求 /219
4． 跑步会造成膝关节受伤吗 /221
5． 每周跑几次比较好 /224
6． 夜跑需要注意些什么 /225
7． 小腹会痛是怎么回事 /228
8． 跑步前后可以吃东西吗 /229
9． 跑步需要喝水吗 /231
10． 跑步穿什么鞋合适 /233
11． 新手初级跑步计划 /234

PART 1

独白

跑步可以给你带来什么？在跑步的过程中，你会感受到什么样的快乐，遇到什么有趣的事情？随着时间的延长，你会遇到哪些困难？又该怎样超越这些困难，实现自我的完美蜕变？这些问题，我都会向你一一道来。经历是个人的，经验却是大家的。这些虽然大多是我个人的感悟，但或多或少可以给你一些启示。

这不仅是运动，更是一次心灵的旅程。只要你有毅力，就能完成每一段路程。当你踏出第一步，就能体会到自己内心也跟着往前进了一点，同时也能感受到，只要完成了跑步，就没有什么困难能难住你。将自己的思绪放空，你反而会获得更多的回馈，会产生更多的感悟，甚至感觉自己就是一个哲学家。

第一章 开始

跑步者说　　　　　　　跑步者说

1. 认识我们的身体

善待自己，首先要认识自己的身体。跑步水平的提高与对身体的认知程度息息相关。很多人在成年后之所以喜欢这项运动，是因为我们对自己的身体已经相当了解。

跑步的过程也是认识自己身体的过程。善待自己的身体，即在自己的身体还运转良好的时候，及时锻炼，不要让它过早衰退。

奔跑时，看到那些胖得跑不动、弱得无力跑、老得跑不了、忙得没空跑的人，我庆幸自己还能奔跑。和死神赛跑绝对是一句真话，因为当你跑不动时，第一个追上你的，也许就是它！

不要等到不能跑时，才意识到腿的存在。

善待自己的身体，在运动时也要注意休息，不要经常让身体超负荷运转。跑步的损伤，很多是由于我们不懂得休息，不懂得避免伤害造成的。

　　当我们可以自如地发挥身体的能力时，我们总是希望能跑得更快，跑得更远，却忘记身体也有它的限度。当我们不知不觉延长跑步时间、增加跑步强度的时候，身体的损伤也在慢慢积累。跑步要有张有弛，肌体兴奋时要注意任何有可能引起受伤的动作。这才是正确的健身之道。

　　我现在会随时关注自己奔跑时的身体状况，一旦发现有可能造成损伤，就会立刻停下，绝不做无谓的坚持。暂时的放弃是为了未来长久地坚持。跑步决不意味着自虐。

为了成绩或图一时痛快而付出伤害身体的代价得不偿失。锻炼时要随时关注身体状况,毕竟健身才是目的,成绩只是副产品。善待身体,身体自会回报你。

跑步之前,我们对身体的感觉是麻木的,对身体各个部位的功能和作用缺乏认识。在身体发生变化时,我们听之任之,难受了就觉得是生病,把身体交给医生。

只有当需要使用身体这个"工具"时,我们才发觉对自己的身体太缺乏了解。刚开始跑步,我们不知道为何控制不了呼吸,掌握不了节奏,腿部乏力,双臂发酸,腹部隐痛,感觉单调,难以坚持下去。

我们在学会呼吸的过程中,了解了自己的心肺功能;在掌握节奏时,感觉到了心率;在提高腿部力量后,慢慢认识了腿部肌肉和骨骼结构;掌握了最省力的摆臂方法,也懂得了上肢的合理动作;在消除腹部隐痛时,知道了跑步也需要一定的腹肌力量;在感受到跑步乐趣的同时,也知觉了自己的精神状态。

在提高速度的过程中,我们了解到自己身体的薄弱环节。跑步速度的提高有赖于身体综合素质的加强,是心肺功能、腿部力量、肌肉耐力、身体耐受能力等全面提高的结果。速度停滞得不到提高时,一定是身体能力失去平衡,在某个方面出现了短板。

当我们通过训练改善这个薄弱的方面,使身体综合能力再度趋向平衡时，我们的速度又提高了。提高速度的过程就是这样一个身体综合能力的平衡从恢复到打破，又从打破到恢复的循环过程。

受伤让我们加深了对身体的认识。当我们过度练习，过度使用某个身体部位时，往往会造成这个部位的损伤。损伤是身体发出的警告，提醒我们要爱惜伤痛的部位。

因为伤痛的提醒，我们会增加对受伤部位的注意，在以后的训练中，会优先把曾经发生损伤的部位列为重点保护对象，在有可能再次造成损伤之前停止跑步。

在跑步的过程中，我们开始慢慢了解自己本以为很熟悉的身体。

生活中我们因为什么都想拥有而负担太重，奔跑使我们明白，放弃很重要。不要对跑步成绩寄予太大期望，否则，跑步就会成为一种负担。

提高跑步速度的一个关键是减体重，跑步时才会知道，在健身房里锻炼出的肌肉是负荷，只会增加负担，增加蛮力，此外一无是处。

肉体的负荷要去除，精神的负担也要卸下，否则也会使奔跑变得疲惫不堪。人在心事重重时，注意力不易集中，感觉双脚沉重，这时跑步极易造成身体损伤。所以在有心事的时候，不要做大量运动,只要适度运动即可。适度锻炼有助于让精神脱离萎靡不振的状态,慢慢恢复好心情。

奔跑不是从跑道开始,而是始于生活。只有把生活安置妥当,跑步才会真正轻松快乐。也只有无牵无挂的躯体,跑起步来才显得轻盈。

当我们用跑步的追求反观生活时会发现,生活中我们贪求许多对生命无益的东西,致使跋涉于人生这条河流时,会因为背着的包袱里欲求太多而不堪重负。

许多人甚至被自己的欲望压垮,沉没于人生的激流。人生就像一场奔跑,要想快乐和自由,就不要携带多余的包袱。

2. 跑步塑造你的健美身材

年轻时喜欢去健身房,恨不得把身体练得一块块肌肉像山包一样隆起。及至跑步时才发现,和别人比自己身上的赘肉仿佛是多背了几十斤的包袱,这时恨不得能扔了才好。

看看田径运动员的身材,协调匀称,才明白肌肉不是越多越好,而是有用的才是好的。跑步有助于把身体的大部分肌肉都调动起来,长期的运动,会使这些肌肉越来越发达。

而用不到的肌肉,会自然萎缩,也减轻了跑步时身体的负担。

要知道哪些肌肉有用，哪些肌肉没用，只要在跑步时感觉一下身体哪些部位是紧张的，哪些部位是放松的，就会知道答案。

肌肉得到锻炼时一定是紧张的，而没有得到锻炼的肌肉自然处于放松状态。这里所谓的"没用"的肌肉，并不是真的没用，只是在运动中不起太大作用而已。

每块肌肉都有它的用处，只不过当它不是起主要作用时，就不会那么发达了。肌肉的这种实用主义原则，使身体在跑步过程中被自然整合。

跑步送给跑步者的礼物之一就是不容易肥胖。跑步是很有效的减肥手段。其实减肥者只要变成跑步者，沉浸到跑步中追求奔跑的速度和距离的延伸，跑步就一定会馈赠给他一副好身材。

跑步减肥的理论基础是：跑步超过30分钟，身体在消耗完糖原后，就会燃烧体内脂肪。再加上跑步过程中不断流汗，跑步

者的体重会急剧下降。

如果没有速度要求，减肥者跑起来慢条斯理，没有强度和速度，减肥效果自然大打折扣。只有把自己当成一个跑步者，设定一个速度标准，让身体感觉到紧张的强度，减肥的效果才会显现。跑步的减肥者可以很明显地看到减肥效果，锻炼之后如果能适当控制饮食，减肥效果会更好。

之所以说减肥者要把自己当成一个跑步者，是因为很多减肥者在跑步时，认为自己只是在减肥，不必追求跑步速度，

跑步时使劲缩紧腹部，会让肚子收缩。减肥者的另一个不良习惯是，为贪图舒服，往往挺着大肚子跑步，这样腹部肌肉得不到锻炼，就起不到收腹作用。跑步之后，如果能做几组针对腹肌的练习，效果会更明显，如蛙跳、单杠举腿、仰卧起坐等。

有的人担心跑步会让小腿变粗，其实这是没科学依据的。只要跑步姿势正确，并不会把小腿跑粗。所谓跑步姿势正确，就是跑步时要大腿带动小腿，不要出现小腿支撑身体，勉强朝前迈步的动作。

登山因为常用小腿起支撑作用会使小腿变粗，而力量型的短跑训练则会让大腿变粗。有的人是天生大腿较细，相比之下小腿显得粗，并不是因为跑步使小腿变粗了。

跑步可以改变肥胖的外形，当达到这一效果时，跑步者更能

感受到跑步的乐趣。

跑步者身材匀称，有形体之美；奔跑时动作协调，有姿态之美；快速地摆臂和有力地蹬腿，有速度之美；奔跑途中均匀的速度和有规律的动作，有节奏之美；体力衰竭时不言放弃，有坚持之美。

所有运动员中，跑步运动员的身材最为匀称协调。长跑运动员虽然偏瘦，但作为跑步爱好者，只要不训练过度，身材就可以刚好保持在苗条和健美的范围内。跑步是人们减肥的最佳运动选择，简单易行，效果明显，不会把肌肉练大练硬。

跑步动作充满动感。任何运动的最美经典瞬间，一定是与跨步和腾空的动作有关，而跨步和腾空在跑步中得到了最纯粹的体现。只要是在奔跑就离不开这两个动作，从这一点来说，跑步展现的美多到奢侈。

我忽然明白人们为何喜爱跑步，跑步其实就是在展示身材、姿态、信心和快乐。跑步者奔跑时，摆臂和蹬腿的快速交替，给人以速度和力量感。

跑步者长时间以均匀速度奔跑，有规律的呼吸和起伏的肌肉，形成一定的节奏。这种速度和节奏在跑步者体能范围之内，长时间和跑步者的身体动作形成共振时，跑步者会感受到奔跑的快感，旁观者则能欣赏到跑步速度和节奏的美感。

及至跑步者体力衰退，速度下降，节奏被打乱时，只能靠意

志力苦苦支撑。虽然姿态和动作的美感下降了，但意志力作用下的坚持之美更为动人。这就是为什么在马拉松的终点，虽然没有跑出好成绩，但观众还是会把掌声献给精疲力竭坚持跑完全程的跑步者。

这就是跑步者形体、动作和精神之美。跑步，既是一次力的展示，也是一场美的盛宴。

3. 跑步让女人不一样

女性跑步者往往担心跑步会让小腿变粗，其实这种担心是不必要的。跑步并不是主要靠小腿用力。跑步是大腿小腿协同用力的过程，大腿的力量更主要。跑步需要的是腿部持久的力量和耐力，而不是瞬间的爆发力。而且这种力量是交替进行的，小腿在前摆的过程中一般保持放松自然下垂。如果在跑步过程中，感觉小腿变粗，或经常发酸发胀，大部分是因为小腿动作错误引起的。这时就要在跑步过程中慢慢纠正跑步动作。

相反，大多数女生觉得轻松而经常参加的登山运动，由于小腿一直处于紧张的状态，倒是很容易将小腿练得更粗，而且更结实，看上去有肌肉发达的感觉。

女性的跑步能力并不比男性差，她们的跑步姿态比男子优雅、轻盈，耐力更好，也不容易疲劳。女性体内的脂肪可以给耐力跑提供更持久的能量。

女性的这些优点能使她们在长跑时更均匀地用力，跑得更久。这样长久锻炼下来，会让她们的身材更苗条，更显协调，根本不必担心小腿会变粗。

游泳时，大肚子是浮球，可以增加浮力；骑车时，肚子是放在位子上的包袱，放着也无大碍，反正是车子在驮；跑步时，肚子是身体的一部分，必须缩紧，否则跑不起来。前两者虽然四肢

在运动,但躯干不动,甚至还有所放纵,所以只有跑步才可以减小肚子。对减肥者而言,跑步就是硬道理。

参加跑步让女性在气质上更添活力。某日,在运动场看到一位认识但并不熟悉的女生在奔跑,大感意外,对她的印象又增加了健康、自主、自爱、活跃、时尚、自信等,甚至觉得她有点性感。

一般的女人不跑步,跑步的女人不一般。热爱跑步的女人是性感的!她们积极、乐观、努力,对生活充满向往。她们总是面带微笑,精力充沛,体内有无限的能量。

摆在姑娘们面前的减肥道路有三条:运动、节食、吃药。但是,大多数姑娘选择了后两条。因为前者既累,见效又慢。浮躁的人通常不愿意付出、等待和忍耐,便选择了更为便捷的道路。

同样是漂亮的姑娘,有没有跑步是有很大区别的。每个热爱跑步的女人都是女神。健康、积极向上、自制力强的姑娘,是讨人喜欢的。

仔细观察你就会发现,经常跑步的女人开朗、活泼,善于交朋友,懂得有效的社交技巧,懂得恰当得体地为人处世,不会斤斤计较。

喜欢跑步的女人有品位,懂得如何欣赏美,因此会有很好的修养和内涵,谈吐优雅,品位不俗,气质高雅端庄。即使优雅的打扮可以学,但优雅的气质是学不来的,那是一种源自于内心的态度：优雅地生活。

  姑娘，如果现在的你是大学生，几年以后，当你从大学毕业时，你周围的同学不是单薄的平板身材，就是圆润的饭桶身材，当然，基因太强大的不算，但她们的臀部永远塌塌的，腰腹部的游泳圈也若隐若现。只要不是一直瞎练，你身体的线条、姿态、体能以及精神状态，甩她们八条街绝对没问题。

  十年后，你工作中的同事，在你耳边说得最多的是逛街、八卦以及吃饭，然后捶胸顿足要减肥，而一直锻炼的你，身材好到巅峰。同事们羡慕嫉妒恨的眼光，你傲娇地享受就是了。

  二十年后，在孩子差不多能打酱油的时候，你的身材跟二十几岁时别无二致，容貌也没有什么变化，不需要抹各种保养品，令人羡慕嫉妒恨。

  跑步从来不会亏待你。跑步真的会让女人不一样！

4. 坚持跑步会发生什么

  跑步与不跑步的人，每天看起来似乎没有什么差别；每月看来差异也是微乎其微；每年看来差距虽然明显，但好像也没什么了不起；但在每五年来看的时候，那就是身体和精神状态的巨大分野。等到了十年再看的时候，也许就是一种人生与另一种人生不可企及的鸿沟。

长期坚持跑步是什么感觉？

会越来越勤奋

会越来越坚强

抗压能力越来越强

会早起

精神会变得好起来

魅力会增加

身体会变好

会变成美食家，动手能力越来越强

会拥有强大的幸福感和自信

绝对增加霸气值

会严于律己，原则性越来越强

社交圈子更丰富，人生会变得更精彩

坚持一周后

也许你的双腿会感到酸痛无比，但是心情却莫名地感到舒畅，因为跑步会促使脑垂体分泌出快乐激素——内啡肽，就像是恋爱的感觉，你会觉得自己跑得快飞起来了。跑步会带给你一天的好心情和更加轻快的步伐，你会觉得沿途的风景都是不一样的。

这是开始改变的一周，七天时间或许无法改变很多事情，但是你的身体已经发生了正向的改变。跑步的初体验让你的心率加快，血液快速流过全身，身上多余的脂肪开始燃烧。

坚持一个月后

坚持一个月的跑步让你的呼吸变得均匀平稳，心跳变得沉稳有力。如果你的饮食得当，你应该已经甩掉了几斤赘肉，慢慢地有些衣服穿上去已经有点大了。而你的生活习惯也在悄然发生改变，你会发现早睡早起不再是难事。而为了保卫跑步的成果，会对自己的饮食要求更加严格，但对你来说控制食欲已经不是什么难事，对高脂肪、高糖、高热量食物的渴望也不像之前那么强烈。

周围的人会发现你的精神状态变好了，而你也会觉得之前稍微动一动就会气喘吁吁的自己，现在居然能参加各种极限挑战活

动,一口气上七层楼都不是事儿。是跑步带给了你和别人不一样的精气神儿!

坚持一年后

腾不出时间跑步的人,迟早得腾出时间去医院。而你在坚持了一年以后,会发现你这一年几乎没有去过医院,跑步让你的免疫系统24小时全力运转。体能和耐力大幅度提高,更低的心率意味着更强劲的心脏,更平缓的呼吸意味着更加高效率的心肺系统,你已经可以跑出绝大多数人完不成的里程。

你会发现你的朋友圈发生了改变,因为你融入了另外一个社交圈——跑步的社交圈,你每天看到最多的是你的朋友又跑了一个马拉松。

跑步可以加速身体的新陈代谢,你的身体就是一台"脂肪燃烧器",脂肪不再囤积。而你的同龄人,很多都是珠圆玉润,腰腹部带着一个游泳圈,当他们在研究减肥的时候,已经坚持跑步一年的你无论是体能还是身材都是他们望尘莫及的。你坚持跑步的事应该已经成为朋友圈里面的一个话题,你的朋友、同事、亲戚,甚至领导,都会觉得你是一个靠谱的人,因为你会为了一个目标而坚持努力。专注让你变得更有毅力,当这种精神转移到生活中、工作上,周围的人就会发现原来你是一个这么有魅力的人!

坚持五年后

同龄人的身体开始走下坡路，各种小毛病频繁来袭，而你的身材却更加健硕了，容貌甚至逆生长。身边的人看你的眼神都充满了羡慕嫉妒恨。

长期坚持跑步，造就了健康良好的身体状态，也磨炼了坚韧不拔的毅力。五年如一日坚持跑步是对孩子最好的教育，你会发现你的孩子以你为荣，他也会和你一样为了一个目标不言放弃。

跑步，成为你的一个人生标签，坚持跑步并不是为了战胜谁，而是为了与更好的自己相遇！

坚持十年后

长期坚持跑步能够消除对人体有害的自由基，延缓衰老进程，你会发现自己的体能状态一点儿不输年轻人，傲人的耐力和体力甚至可以使你和自己的孩子来一场真正的较量。

你的身材体型、仪表姿态、体能水平、精神气质在同龄人中显得那么与众不同，你可以以良好的健康状态继续下一个十年、二十年、三十年的精彩人生！

5．跑步是人类最原始的冲动

为什么要跑步？这是每个刚开始跑步，甚至已经在跑步的人心头经常萦绕的一个问题。跑步与其说是一项肉体的运动，不如

说是一种关于精神的活动。

跑步是所有肢体健全的人都可以参与的运动,它没有任何门槛。跑不跑步,取决于你的思想。只有思想上认可了"跑步"这项运动,你才能成为一个跑步者。

有的人认为跑步是专业运动员的事,于是裹足不前。有的人认为跑步简单而乏味,枯燥的过程令人难以坚持,于是转而参与其他动作看上去很优美的运动项目。只有那些理解了跑步,愿意在跑步中用汗水交换快乐的人,才会深深热爱并迷恋上跑步。

年长后回忆青春年少时的恋爱,遗憾的不是追不上心仪的异性，而是面对心仪的异性畏缩不前、不敢表白。对于跑步者来说，跑得不快不是遗憾，面对脚下延伸的漂亮跑道没有奔跑的欲望，才是真正的遗憾。

跑步并不复杂，只要愿意在跑道上迈开脚步，你就可以体会到跑步的乐趣。跑步时飞奔的感觉就是，旁人只看到跑步者快速摆动的双腿，跑步者自己却感觉不到双腿的存在。

有的人也许一生都不知道自己这一辈子该做什么，而有的人一生只是在"想做"而已。当你想跑步时，只要撒开腿奔跑就可以了，不要想太多，也许在你"想"的时候，奔跑的机会和想跑的心情就一滑而过了。

你可能是为了健身，可能是喜欢追求速度的感觉，甚至可能是想通过跑步让自己显得与众不同，不管是出于什么目的开始跑步，跑步都会让你的收获大于预期。

我每次开车行驶在高速公路上，看着平坦整洁的路面伸向远方，就有一股下车奔跑的冲动。王石说，登山是因为山在那里。对于跑步者，奔跑是因为路在脚下，更因为目的地在远方。

跑步的意义是什么？当疲劳或受伤的时候，我也会这样反复问自己。还要不要坚持下去？这时我只感觉跑步的意义远大于身体的安逸。

跑步是人类最原始的冲动。跑步让你释放自己的生命活力。

生命不一定会因跑步而延长，但生活一定会因奔跑而充实。跑步是内心的体验，跑步让你身心宁静，将生活的喧嚣与烦扰隔离在内心之外。

跑步是灵与肉的交流，是灵与肉同时追逐平等和自由的过程。跑步没有高贵与低贱之分，没有富有与贫穷之别。

对于跑步者来说，跑步就是他的生活方式，是生命存在的形式。生活就是跑步，其他时间就是对跑步的等待。这是大多数跑步者内心深处的最强音。

许多人往往在奔跑的过程中才领悟到生命的意义。

6. 在跑步中突破自我

跑步者不像专业运动员，以追求速度的提高为唯一目的。不过跑步者对提高速度也不是毫无追求。在运动成绩上跑步者无法和专业运动员相比，但在精神上却比专业运动员更容易获得跑步的乐趣和动力。

专业运动员在年轻时运动成绩达到顶峰，随着年龄的增长已不可能取得比年轻时更好的成绩，获得更好的感觉。他在精神和肉体上经历了双重的耗竭。

而非专业跑步者因为没有在这项运动上投入全部精力，在跑步经历中倒是常跑常新，不时地产生意外的感觉，包括在跑步中不断提升速度。

许多跑步者在三十岁之后才开始适应长距离跑，四十多岁后跑步成绩还在提高，有的甚至在五十多岁还跑出了自己最好的马拉松成绩。这是因为成年后心肺功能逐渐强大，更容易适应长距离跑步这项运动。

有人说，业余马拉松跑步者的黄金年龄是四十岁。许多马拉松跑步者的经历证明，在长久的跑步生涯中不断突破自己，是可以做到的。

和专业运动员短促而耀眼的运动生涯相比，跑步者的人生沉稳而悠长。跑步者也因为没有像专业运动员那样超量付出，更能

在漫长的跑步生涯中长久地释放运动能量。

有的跑步者会认为，只要流汗就有效果。这样的运动强度虽有效果，但远没有突破自己能力极限达到的效果好。持这种观点的人，大多害怕运动中"累"的感觉。

害怕"累"的人不能辩证地看待"累"和运动效果之间的关系。适当的"累"是运动的一种正常状态，完全不"累"的运动是达不到运动效果的。

只有身体习惯了"累"，能够正视"累"，你的身体承受力和精神意志力才能得到提高，你的运动能力也才能提升一个台阶。只有不怕"累"，你才会在以后的运动中不断提高运动能力。

跑步者在运动中的突破，并不需要像专业运动员那样通过超负荷的运动量突破极限。只要相对于自己的运动能力有点小小的突破，就是最大的收获。

这种突破不必额外延长运动时间，增加运动量，只需在同样的运动时间里，稍稍加大运动强度，就能在以往的运动基础上提高运动能力。这样可能会让身体"累"点儿，但带来的运动乐趣和动力却是无穷的。

这里所谓的加大运动强度，就是在跑步时根据自己的体能基础，适当地增加强度。只要步子迈大一点儿，腿部力量加强一点儿，手臂摆动的频率加快一点儿，极限就会来得更早一点儿。

循序渐进，一段时间后，一定会看到自己跑步速度的提高。跑步，有时也需要对自己狠一点儿！

有人说,业余马拉松跑步者的黄金年龄是四十岁。许多马拉松跑步者的经历证明,在长久的跑步生涯中不断地突破自己,是可以做到的。

第二章　享受

跑步者说　　跑步者说

1. 跑步是运动的初恋

曾经以为,爱情需要郎才女貌,只属于才子佳人。后来才明白,越是远离了美貌、财富、身份、地位的爱情,越纯粹。跑步也一样,它没有武术漂亮的架势,没有足球豪华的排场,没有马术奢华的装备,也没有高尔夫尊荣的身份。

从跑步中可以找到初恋的感觉,因为一切运动都是从跑步开始的。但也有例外,象棋类运动可以坐着进行。这并不奇怪,也有人追求精神恋爱,哪怕只是短暂的。比如网恋,虚拟的空间也可以让人坠入爱河。

拜金的年代找不到纯粹的爱情,却可以在跑步中体会运动的纯粹。不需要花架子,没有太多包装,跑步直接作用于心肺。跑步可以让你找到对运动初恋般的感觉。因为除了单纯的智力运动,一切运动都是从跑步开始的。也许你以后的运动兴趣扩展到了其他项目，但跑步永远是你运动之初的感觉。

一段较长距离、适合奔跑、风景优美的道路；一份比较有规律、没有太大压力的工作；一天中至少有一个小时可以自由支配、不受打扰的闲暇时光。如果这些都没有，也要让自己保持一颗时刻奔跑、永不止歇的心。

不要告诉我瑜伽有多优美，肚皮舞有多风情，高尔夫有多尊贵，如果双腿不会奔跑，你永远不会体会到灵魂自由自在的感觉。

跑步时鞋子里进了沙子，就好像婚姻中自己身上让对方难受的缺点，不时地刺得对方生疼。这时要让跑步继续下去的唯一的办法就是停下脚步，解开鞋带，脱下鞋子，有时还要脱下袜子，抖出沙子。虽然麻烦，却是必需的。

清晨的奔跑就像人生的初恋，全身的感觉都是新的。晨跑让你拥有清晨，也拥有了这一天的好感觉，就好像青春期的恋情，

丰富了人生的色彩,使人生不留遗憾。拥有初恋的青春不后悔,清晨奔跑的脚步不孤单。

跑步让人血脉偾张的同时,也会使人自我膨胀。征服者和狂人是跑步者最容易出现的心态。其实跑步只是跑步,论成绩不能和专业运动员相比,跑步者更应注重的是跑步中对生命的体验和对生活的感悟。

跑步后心率在短时间内恢复常态是运动适量的表现;狂热和痴迷后归于平静的生活才是跑步者应有的姿态。

人生天地间,每个人都有他存在的理由。大多数时候,这理由是我们自己去寻找的。同样,每个跑步者都有他奔跑的缘由。当他停下脚步时,一定是没有了跑步的理由。给自己重新找个理由吧,不必关乎风月,却可以关乎意义。

简单的动作却揭示了生命的意义,蕴含着运动的本质:生命在于运动,运动重塑生命。

2. 让灵魂从此快乐起来

跑步是孤独的运动。马拉松的起跑点也许有成千上万的参赛者,奔跑的途中也有无数人相伴,但过程的艰辛最终只有跑到终点的人才能体会到。

跑步虽然也可以是集体活动，但跑步过程中产生的身体劳累、心理疲乏、精神孤独，最终只能由跑步者个人去承受和面对。

孤独不是跑步者的天敌，雨雾天气、嘈杂的环境、污浊的空气才是跑步者的烦恼。跑步者对生活要求不高，但对跑步的环境却要求苛刻。本是最简单的运动，在大兴土木、大搞建设的当代中国却成了奢侈的运动。

跑步是跑步者的传奇，只要不停下脚步，每个跑步者都在书写自己的传奇。跑步者的对手只有自己，要面对的是自己的内心，需要克服的是枯燥、单调和烦闷的感受。

年轻时跑步是因为身体不好，随着年龄的增长，跑步有时候是因为精神不好。跑步可以改善人的精神状态。当你不再年轻时，反而会体会到跑步可以满足自己内心的需要。

跑步不单单是四肢的机械运动,它更是内心的体验。

人的一生都在追求灵与肉的交融,但肉体的官能快乐会让灵魂远离,灵魂的提升远比肉体的快乐更难追寻。跑马拉松的过程就是肉体和灵魂纠结、对决的过程。

后半程肉体的磨难会让你真切地感受到灵魂的存在。坚持还是放弃,是灵与肉的对话。成败取决于妥协:灵魂妥协了,肉体从失败中暂时偷得快乐;肉体妥协了,灵魂才会有最终的快乐——到达终点的成就感。

跑步时我只为自己,甚至身上的衣服也只剩下遮羞的最后功能。没有羁绊,没有牵挂,暂时脱离这个世界。这时的我是最自由的。

我庆幸自己能跑步,我的生命由很多这样的自由时刻组成。如果我还有什么要求,那就是:跑步时,别来打扰我。当生命长河用十年、二十年来纪录时,我们的人生成熟了;当双脚奔跑的距离以马拉松为单位计量时,我们的内心强大了。

生活的目标包裹在层层欲望里面。当我觉得自己活得很累的时候,小心地剥开如竹笋般紧包得密不透风的欲望笋片,我看到发白的笋心里只写着"跑步"两个字。

于是我在路上奔跑,发现这才是自己向往的触及心灵的存在形式。看着别人打着饱嗝幸福得一脸茫然的样子,我更爱自己身轻如燕地奔跑后筋疲力尽的感觉。

有人说跑步并没有我说得那么美妙，或许我应该感到高兴。也许是我感受到了别人没感受到的跑步的神奇，或者是我表达出了别人没有表达过的神奇的感觉。

无论哪一种情况都说明跑步不是没有神奇，而是缺少发现。如果怀着一颗体验的心去感悟跑步，你会发现跑步真的有点神奇。这正是跑步需要用心体验的地方。

人类为了心灵的安宁，在各种艰深的宗教里寻求寄托。然而，我却发现寄托就存在于跑步这样一种简单的形式中。你能奔跑多远，生命就会延续多长。而且给你的是有质量的肉体自由，和没有束缚的精神世界。

跑步就是为了追逐快乐，把痛苦甩下，把伤心遗忘。跑步让肉体辛苦，只有这样才能使精神的痛苦显得不那么沉重。人们往往选择趋利避害，只有智者才会主动选择磨难。

3. 孤独的美感无法共享

跑步活动无论如何热闹，最终的体验都指向跑步者个人的内心。这种体验别人无法替代。很多人无法坚持长跑，是因为害怕长跑中孤独的感觉，觉得长跑太枯燥、太单调、太乏味。

如果真有这样的感觉,我要说那是因为你还没有找到对付这些感觉的方法。但对于中年跑步者,孤独并不是问题。

中年跑步者的速度不能和年轻人相比,但他可以跑很长的时间和距离。与其说意志力坚强,不如说他可以享受长时间奔跑这种单调乏味的过程,可以享受一个人独处的感觉,这感觉包括孤独。

孤独是人生必有的,没有体验过孤独,就没有真正观照过自己的内心。但现实中孤独的形式不能太明显,太明显了会让人觉得孤僻。我们不会主动追求孤独,相反,我们在处处躲避孤独。

我们工作、生活、消遣,想方设法和同类接触、交往,就怕落后于这个社会。我们给自己留的时间很少,却把大部分时间留给别人。我们很少会为了孤独,一个人没有理由地静静地躲在一个地方。只有跑步可以让人理所当然、堂而皇之地感受孤独。

也许你并不是为了孤独，但跑步时孤独不可避免地袭来，如果不能面对它，你只能失败地离开跑道，回到你熟悉的人群中。

对于中年跑步者来说，孤独并不是挑战，在生命的长河中，他已经有过孤独的经历，有过痛苦的成长历程。他比年轻人更能习惯孤独，更能理解孤独的意义。所以中年人在长跑中更能坚持。

孤独不是跑步的天敌，而是生命成熟的催化剂。年轻的跑步者有速度有体能，但不能忍受长时间奔跑的煎熬；中年跑步者没有年轻人的速度和体能，但可以忍受肉体长时间的磨难。

当有速度有体能的年轻人成长为可以忍受一切孤独和磨难的跑步者后，他就会在马拉松的跑道上变得无敌。国外有许多运动员在四十岁左右还能获得马拉松冠军，所以马拉松并不单单是速度和体能的较量，它还有心智是否成熟、精神是否强大的内容。

孤独并不是人人都懂得享受的。人们都喜欢旅游，害怕跑步，因为旅游能让人避开孤独。旅游时，去哪里不重要，重要的是和谁去。但跑步时，不管和谁一起奔跑，最终都要面对孤独的自我。

不必去战胜孤独，即使没有跑伴和观众，优美的跑步环境也可以让我们享受孤独。奔跑让我们成就孤独：让孤独更有意义，富于美感。孤独的美感，无法共享。

4. 跑步是锻炼意志最好的形式

强者勇于面对磨难,弱者悄然逃避磨难。

在塑胶跑道上奔跑,步幅可稍大,稍微增加腿部力量,使速度快些;而在水泥路面上跑,则要收缩步幅,减轻腿部力量,使步伐显得轻盈些,避免因腿部劳损而不能跑完预定路程。在不同的场地,要调整不同的跑步动作,否则腿部容易受伤;面对不同的生存环境,也要调整不同的生活态度,否则心灵容易受伤。

一场马拉松就是一次磨难的历程。智者因有计划而淡定,强者因坚持而圆满,弱者却由于对距离的恐惧而半途而废。因此马拉松也是一道筛选线,把智者和强者传送到终点,把弱者半途淘汰。智者、强者和弱者的区别,其实只在于内心是否强大。

每次跑步都是身体系统协调配合的结果。在不同速度的奔跑中，参与运动的身体各部位所起的作用不同，身体对各部位运动能力的要求也不同。

快速跑对腿部力量要求较高，腿部的力量和耐力在跑步中起主导作用。但也需要其他身体系统的支持，如果心肺功能弱，呼吸跟不上，就容易出现"极点"。"极点"的出现就是呼吸系统和运动系统不能同步进入状态的表现。

快速跑的距离不可能太长，身体能力下降自然就坚持不下去了，这时还用不上意志力。即使有意志力，也不起积极作用，因为如果硬撑下去，只能造成身体的损伤。

而慢速跑则不一样。慢速跑是身体能力范围内的运动，速度不是追求的目标，对腿部力量要求不高，"极点"出现的也晚，更容易克服，会比较快地进入"第二呼吸状态"。

跑步者需要面对的是跑步过程中的单调、乏味、枯燥、烦闷等感觉，这些跑步时的心理危机需要用意志力克服。只要身体不受伤——慢速跑时身体也不容易受伤，能不能坚持，要不要坚持完全取决于跑步者的意志。这时意志力在跑步中起了主要作用。

当身体需要用意志力控制时，对跑步技术和身体能力的要求退居次要位置。跑步者需要战胜的是自己内心不想奔跑的念头，跑步的过程就是灵魂与肉体挣扎的过程，使跑步进入精神运动的状态。

快速跑与慢速跑可以根据跑步者的最高心率和最快速度的百分比划分，一般以最高心率和最快速度的60%～70%为分界线，在这之上的为快速跑或中速跑，之下的为慢速跑。

但这也是变量，不同能力的跑步者所占的百分比不同，运动能力强的人取70%或更高点，运动能力弱的取60%或更低点，要看个人运动时的身体感觉。

按笼统的分法，可以以6分钟一公里的速度为标准，高于这个标准的为快速跑，低于这个标准为慢速跑。运动能力强的人标准可以提高些，比如5分钟一公里，或4.5分钟一公里。运动能力弱的人标准可以降低些，比如7～8分钟一公里。

慢速跑唯一需要担心的就是在长时间的运动和支撑身体的过程中可能造成关节的劳损。除此之外，慢速跑可以直接反映一个人的意志是否坚强。因为慢跑速度是在身体能力范围之内的，是否能坚持下来就看意志了。

跑步使肉体辛苦，只有这样才能让精神的痛苦显得不那么沉重。有时候肉体的痛苦体验越深，精神上得到的愉悦感越强。跑步者可以轻易地感受到精神的存在，以及精神对肉体的支配。跑步者的精神越强大，肉体可以奔跑的距离就越远。

5. 跑步者的终极快乐

　　跑步者与不跑步者最大的区别，就是能否在跑步中感受到乐趣。有无限的乐趣让跑步者留在运动场或公路上。跑步的乐趣很多，就看你是否能发现。有些人也许对跑步的乐趣不屑一顾，但这些乐趣来自生活，如果忽视它，只能说明他们对生活太麻木了。

　　多数人对跑步敬而远之，是因为他们认为跑步不但单调乏味，而且还要承受身体的痛苦。而跑步者并不这么认为，正是在身体承受的痛苦中，跑步者感受到了跑步的乐趣。

　　星云法师说"山不转，路转；路不转，人转；人不转，境转；境不转，心转"。当换个角度看问题时，事情就完全变了样。旁人看来单调的跑步动作，跑步者却在动作中感受到随着时间的推移、距离的延伸，身体所发生的变化。跑步真正的乐趣就在这身体的变化中。所以也有人说，跑步是身体的游戏。当你把跑步当游戏时，乐趣自然就出来了。

　　跑步的乐趣很多，只要你足够细心，就可以在跑步中找到乐趣。

　　跑步的兴趣需要培养。跑步者就是在长期的锻炼中培养了跑步的兴趣，所以才对在旁人看来索然无味的跑步兴趣盎然，乐在其中。

  刚开始跑步时，可以边跑边数跑过的距离，计算速度，根据身体的感觉调整速度，包括步频、步幅。感到乏味时，还可以观赏身边的景物，欣赏自己的跑步姿态。做这些的时候，可能跑步速度会有所下降，但却可以增加跑步距离。许多人在跑步中这样做的时候，感觉时间很快就过去了，根本不会感到枯燥烦闷。

  所以最好是在大自然中奔跑，因为路边的景色不会让你感到厌倦。如果在跑道上奔跑，每圈的速度和时间是你最应该把握的；而在跑步机上奔跑，是更感乏味的事情，或许音乐可以减轻枯燥的感觉。

  当跑步持续一段时期，可以掌控自己的跑步速度和距离时，跑步者最大的乐趣就来自于身体的感受。美景也有审美疲劳的时候,速度不可能无止境地提高,距离的延伸不能带来更大吸引力,这时跑步者对自己身体的感受,就成了乐趣的源泉。

这时你可以体会身体呼吸的感觉、跑步的节奏、"极点"的出现和消失等不断变化的新意。

当以很慢的速度奔跑时,跑步者会感到烦闷无比,而以超出跑步者承受能力的速度跑时,跑步者还没体会到跑步的乐趣就会因身体原因而放弃。跑步的速度和跑步者的生命节奏需要达到一种平衡,只有速度和生命节奏接近平衡,发生共振时,跑步者才能真正从跑步中感受到乐趣。跑步的过程就是寻求这个生命平衡点的过程。

当体能提高,且对速度无所求、对距离不再勉强时,因跑步而来的想法会在脑海中源源不断地涌出,你会感受到思维的乐趣。

身心畅快、思维活跃,是跑步者追求的跑步的终极乐趣。

6. 还原游戏状态重拾快乐

跑步只是游戏,所有的运动都是游戏,人类的好胜心理使其喜欢在游戏中分出胜负。胜负让游戏更刺激,并成为强者的竞赛,离普通人越来越远。到后来,运动失去了游戏的轻松,只剩下激烈的竞争。

跑步者的任务就是要还原跑步的状态，重新在跑步中找回游戏的快乐。当跑步者怀着急躁冒进的心态，对速度急于求成时，就很容易在跑步中受伤，也会使跑步失去轻松感。

一旦在跑步中达不到预定的速度目标，又会感到沮丧，怀疑自己的运动能力，心理上产生疲惫感，甚至精神萎靡不振，最终对跑步失去兴趣。

跑步者应该认识到，作为跑步者，我们和专业运动员的最大不同是，我们的身体状况和精神状态每天都不同。

只要在奔跑，我们每天都会有不同的收获。奔跑的距离短了，我们可以体会速度的乐趣；速度慢了，我们可以感受长距离下体能的消耗；状态不佳时，我们可以尝试呼吸控制下运动的速度和距离；身体兴奋时，我们可以用最大的耗氧量体验极限的乐趣。

只要用游戏的心态奔跑，每天都会有新鲜的内容。

跑步与人类的游戏心理有关，但游戏常被成年人看做是小孩玩的事而不屑一顾。所以有的人竟然把奔跑看成幼稚的事情，羞于去做。

然而生活也有游戏的成分，没有游戏的生活太沉重。跑步是生活的游戏部分，只是这种游戏还有可能带来精神上的寄托。

7. 让自己高贵而时尚起来

在思辨的时代，跑步是时尚，思考很高贵，像康德生活的时代；而在这个充满功利的社会，思考是奢侈品，跑步成了磨难。爱思考的跑步者在精神和肉体上享受乐趣的同时，也承担了双重的痛苦。

跑步有利于思考。跑步是一项独处的运动，可以让你与周围世界暂时隔离开来，身心安静，启迪思维。当跑步者跑步时，不只是肉体在运动，思想也在奔跑。

肉体感受和思想感悟常常在速度变化中交织更替。速度太快，超过了身体机能的承受范围，对肉体是磨难；速度太慢，精神没有做好思考的准备，对灵魂是折磨。

找到适合自己的跑步节奏，坚持下去，你会感到肉体与灵魂和谐的欢乐。这样的节奏,就是你生命的振幅。喜欢通过肉体磨难体验刺激的人可以让速度快点儿;愿意感受思考乐趣者则可以跑慢一点儿。

跑步者善于思考。正因为拥有思想,跑步者才可以坚持旁人看来枯燥的事情。枯燥单调的动作下是跑步者思想精神的升华。思考是痛苦的,但总有收获;奔跑很累人,但终会到达终点。

第三章

邂逅

跑步者说　　　　跑步者说

1. 清晨是最美的相逢

小时候在小镇生活,看到大人和高年级的学生清早在公路上跑步,就约了小伙伴一起晨跑。印象中跑步的人都是天刚亮就从外面的公路返回了小镇,我们就也准备在天还未亮的时候出去跑步。为了能在黑暗中看得清路面,我们还特意制作了火把。

第二天一早,四周还一片黑暗的时候,我们一群十一二岁的小孩就举着火把往小镇外的公路跑去。去公路要经过一个曾经发现过尸体的山坳,在人多和火把的壮胆下,我们勇敢地穿过了那个有点恐怖的山坳。一段时间后,我终于也敢一个人上公路跑步,从此养成了清晨跑步的习惯。

这是我关于跑步的最初记忆,从此清晨在我的脑海里与跑步联系在了一起。清晨的奔跑给了我神清气爽的感觉,如果某一天没有晨跑,我总觉得这一天不完整。

后来,书本知识告诉我,清晨并不是跑步的最佳时间。科学地讲,下午四五点跑步比早上跑步对身体更有益处。但我依然偏爱早上跑步。

在宁静的清晨奔跑所带来的心灵愉悦和精神放松,是下午的嘈杂环境所无法与之相提并论的。在跑步之初,多少人是因为喜欢享受清晨而爱上跑步的呢?至少我是这样。不在清晨的奔跑,还是我们曾经喜爱的跑步吗?

后来也尝试过在各种时段跑步,但还是清晨奔跑的感觉最好。清晨气温适宜,空气清新,柔和光线中的户外环境特别优美,特别容易令人产生跑步的冲动。

在这样的时间跑步,可以独享宁静的氛围、新鲜的空气和自由自在的感觉。我觉得这时的自己是最富有的。但是现代人丰富的夜生活使得在城市的清晨难觅跑步者的身影。

有时，我跑在城市清晨的街道，竟然不见一个和我一样的晨跑者！城市的街道成了一幅黑白色调的死寂的街景画面。清晨的跑步者是城市肌体里的血红细胞，看不到晨跑者的城市是没有活力的城市。

没有了清晨的跑步者，城市就像得了白血病，苍白而疲乏，孱弱而空虚。

2．进入天堂的最好姿态

连续参加了几年的厦门马拉松，每次我都会看到一个白髯飘飘的老者。老人的年龄在八十岁左右，仙风道骨，精神矍铄。老人的全程成绩估计不超过四小时，因为每次在十二点之前都能看到他坐在终点的场地上休息，旁边照例围满了许多好奇的人，也有记者。

老人气定神闲地边解开鞋带，脱下鞋子，让辛苦了三四个小时的双脚得到休息，边平静地回答人们的提问。人们惊讶老人的身体状态，因为这时马拉松的赛道上数以千计的年轻跑步者还在气喘吁吁、疲惫不堪地奔跑着。

在 2015 年的厦门马拉松比赛中，我又看到了这位老人。他在比赛前做了个惊人的举动。他向媒体记者和现场的观众展示了"遗书"。"遗书"的大意是，如果在比赛中发生意外，一切责任自负，并愿意将遗体捐献出来。老人慷慨赴跑的精神获得了人们的尊敬。

据了解，老人是山东人，从年轻时就喜欢跑步，跑步几乎伴随了他一生。听说老人因为自幼体弱多病，家境贫寒，支付不起医药费，只能通过跑步健身来预防疾病。但我更相信，老人终生坚持跑步，绝不是简单地为了强身健体。

一个延续几十年甚至一生的行为，如果没有精神上的支撑，绝不可能始终如一，持久不变。跑步给了老人长寿而健康的生命，更给了老人完整的精神世界。人们只要看看老人矍铄的面貌就可以感受到这点。

就像马拉松一样，人生总有终点。老人提早考虑了这个问题，向世人昭示了跑步到底的决心。在生命和跑步之间，老人无法取舍，但他选择了融合。当生命在跑步中消亡时，谁也说不清是生命因跑步停息，还是奔跑因生命而止步。

这是将跑步融入生命的最好注解。也许老人认为奔跑是进入天堂的最好姿态。跑步进天堂，至少会比躺着等待的人领先一步。跑步进天堂，是老人的生命宣言，也许每个跑步者都愿意将此作为自己的宣言。

3. 越过种种羁绊到达灵魂的彼岸

我常跑步的地方,是一条别有风味的乡村道路,经过一座监狱、一座水库和一座寺庙,中间还有几个村庄。

起点在监狱的门口,一段上坡后绕到监狱旁边的山上,然后沿水库边朝着水源方向,跑一段平路和缓坡;为增加距离,我在中途会拐进岔路,跑一段上坡,到顶部的村庄后,返回主线,继续沿水源方向跑到寺庙再返回,寺庙前是水泥路的尽头,再往前是野草丛生的古道,不适合跑步。

从监狱门口开始的上坡,可以慢慢热身,逐渐进入奔跑状态。路过水库,宽阔水面吹来的凉风带着水汽,沁心润肺,可调节奔跑中躯体的温度,降低劳累。

到达寺庙时,庄严殿宇里传出的暮鼓梵钟,瞬间使疲惫的肉体获得醍醐灌顶般的安宁平静,让因为长时间上坡而放慢的脚步,重新找回奔跑的节奏。

回程,从水库坝头的最高点,一路下坡,可以撒开双腿,尽情飞奔。这时可以达到平路奔跑时无法达到的速度。那种奔跑的畅快感在这段距离中体会得最为淋漓尽致。

那是一种自由飞奔的感觉。

4. 平凡之路上的坚强信仰

每次的马拉松比赛,都可以看到赤脚跑步者。据说脚底的穴位和身上的器官相连,刺激脚底可以对其起到保健作用。我不知道他们赤足奔跑是不是都为了这个目的,但在四十二公里多的漫长路途中赤足奔跑是需要勇气的。

如果说跑步是痛苦的，那么赤脚跑步又加重了这种痛苦的感受。在终点我看到有的赤脚跑步者脚底被高温路面烫得发红，被路上石子硌得流血。他们忍受了常人不能忍受的肉体痛苦。

马拉松本身就是对肉体的一次磨难，赤脚跑步者在这个过程中忍受了身体的双重磨难。他们自愿舍弃了鞋子的舒适，也因此收获了一般马拉松跑步者所没有的双倍的自豪。

跑步者通过身体的痛苦体会心灵的快乐；而赤脚跑步者的身体在承受加倍的痛苦时，心理的满足也在成倍地增长。身体的感受旁人看不到，心灵的体验也只有自己清楚。所以旁人看来痛苦不堪的赤脚奔跑，赤脚跑步者却是乐此不疲。

在马拉松的终点，我也曾看到一个独臂的冲刺者，稳健的步伐和结实的腿部肌肉，使他绝不逊色于其他的跑步者。我感觉他比双臂健全的跑步者还要美丽。

他用意志的虚线为自己勾画了一条奔跑中的摆臂，弥补了人们视线中的残缺。他是精神上的健全者，意志上的强人。

如果说赤脚跑步者自愿舍弃的是自身可以拥有的舒适，用更艰苦的肉体磨砺让自己的精神得到升华，那独臂跑步者努力争取的就是要和常人相同的愿望：虽然肢体有残缺，但精神可以和你们一样完整。

他们的精神同样令人尊敬，但独臂跑步者的最后冲刺更令人感叹：马拉松的终点，没有残缺与正常之分，只有意志坚强与否之别！

5．一场跑步，一场修行

小的时候就听说乡下有一座叫白莲寺的寺庙，因为寺庙里有个和尚闭关三年而远近闻名。当年和尚出关时，四周的香客闻风而至，争相一睹其风采。

听说那天和尚在出关仪式上燃脂明志，以一截断指宣告了自己一心向佛的决心。他来到镇上时，镇上的人奔走相告，我那从不烧香拜佛的父亲也激动万分。

后来，我和母亲及亲友在春节也去过那里烧香，但因为年纪尚小慑于寺庙的庄严，不敢多问，只是听说那和尚后来去了新加坡，不知道是去留学深造还是讲学交流，反正在那时的人们眼里已是成就不小、风光无限了。

二十多年后的一个"五一"假期，我和两个小时候的同学驱车前往白莲寺。车子停在山下的小村，我们从一条正在拓宽的乡村道路步行前往寺庙。当天下雨，山路泥泞。我们在雨中跋涉了二十多分钟才到达寺庙。

寺庙有了钢筋水泥建成的主殿，记忆中土墙青瓦的旧房子躲在了主殿的一侧。寺门紧闭。我们走到侧门时,门刚好打开,走出一个三十多岁的尼姑。两只小狗随后跟出,朝着我们狂吠。尼姑喝住了狗。我问可以进去看看吗。可以啊,尼姑大方地说,没有一般出家人的距离感。

寺庙比较冷清,没看到别的人。大殿门口由垂地的长黄布条遮挡着。我们进去,尼姑拉开了黄布条。我们没有拜佛的习惯,只是看了一眼大殿,里面供着的主佛好像是观音菩萨。大殿前的放生池里游弋着的鲤鱼吸引了我。鲤鱼很大,身上有一半色彩斑斓,以红白为主要颜色,这可能就是人们常说的锦鲤。

尼姑端来茶水,红茶的颜色,带着甜味,显然是放糖了。我们向尼姑问起了寺里的情况,特别是二十多年前的那个闭关的和尚。尼姑说,寺里目前只有三个人,今天只有她在家。她是北方人,从佛学院毕业,现在还在读硕士。我们说的闭关的和尚,从新加坡回来后就回老家了,现在在他老家的寺庙里当住持。这里后来又有几个和尚闭关,其中一个是她哥哥。

她就是为了照顾她闭关的哥哥,才从别的寺庙到这里来的。这个寺庙最大的问题是交通不便。虽然外面到村庄的桥修好了,但村庄到寺庙的路很窄,现在正在拓宽。修路资金要靠她到外面募集,主要是闽南一带,捐款的主要是她佛学院的同学,本地人捐款的并不多。她现在要做的事就是把要拓宽的路基先打好,有东西给人看了,人家才会放心地捐款。

我说闽南经济发达,有钱人多,捐的钱也应该多吧。她说不是,他们捐款也是五十、一百的,反正多少她都会接受,十块她也不嫌少,积少成多吧。他们捐钱,我都开发票给他们的,每次都要开一大沓,就是因为捐的钱数额不大。她做了一个手势,表示她开出去的发票摞起来有多高。

在和尼姑的谈话中,我感觉她是个有事业心、会当家的人。她看我们对闭关感兴趣,就说带我们去看闭关的地方。这正是我们想看的。她取来钥匙,带我们从大殿边门进入旁边木头建的老房子。这就是我从前来过的老的寺庙——古朴,年代久远。

她打开大雄宝殿旁的房门带我们进去。地板是现代的瓷砖,显然是后来铺的。房间里有楼梯通往楼上。我原先以为闭关只是在一个房间里。她说不是,楼上楼下都可以活动。后来怕烧香拜佛的人影响闭关,就不把大雄宝殿对外开放了,供闭关的人活动。那当然是在新的大殿盖起来有条件了以后。

楼上的房间里有个摆着小佛像的佛龛,供闭关者念经拜佛。我很好奇闭关者都在里面做些什么,有没有规定闭关时要看哪些书,完成哪些功课,三年后要达到什么程度,比如像念大学一样,要取得文凭,表示闭关者的修行程度。尼姑说闭关者当然会看些佛学的书,但没有硬性规定。

闭关主要是给闭关者提供一个静心修行的环境,一个人不受打扰地修行总是比在外面更能得到感悟,至于收获的大小就看个人感悟的程度了。闭关对于个人修行是一次难得的机会,因为一个人闭关,需要别人为他服务,就是要有人护关,比如最起码要有人煮饭送饭。

就是因为要给她哥哥护关,她才从别的寺庙来到这里。闭关时用水并没有限制,并不像传说的那样,一天只能用一保温瓶水。闭关的房间里有水龙头,闭关者可以自由用水。在闭关房间的最后一道房门上贴着一张纸,上面写着"非护关人员不得进入"。闭关期间,像我们这样的人只能在这里止步,只有送饭的护关人员才能进到第二道房门，把饭菜放在一个小窗台上给闭关者。

闭关不是佛家修行的必要过程，但却是感悟佛法的最好方式。也许最理想的修行就是一生都处于闭关状态。但这在现实中是不可能的，因为没有人会为你一生的修行护关。所以那些闭关三年的和尚也是幸运的，毕竟他的生命中有过三年纯粹的修行时间。

我忽然明白自己为什么喜欢一个人不受打扰地跑步了。当我一个人奔跑时，我真真切切地感受到了时空的存在，在没有外界干扰的情况下，我可以轻易进入自己的精神世界，锻炼自己的意志，和灵魂对话。我让自己进入了一个短暂的闭关状态。

没有三年，也许只有一个小时或几十分钟，能奔跑多久，我的闭关状态就能持续多长时间。和佛家安静的打坐不同，我的身体处于运动的奔腾状态，我的生命体征更加灵动和强壮，我的精神和思维更加激越和迸发。难怪有人把跑步叫"动禅"——是运动中的禅悟，奔跑中的修行。

离开白莲寺之前，我们都为修路捐了款，虽然不多，但那是我们的心意。因为感动于这位法名叫释普迦的尼姑的慈悲心，我们愿意为实实在在的善事出一份微薄之力。我还有个私心，等路修好后，我还要跑步来这里参禅。

最简单的东西,往往最基本,触及内心,直抵灵魂。

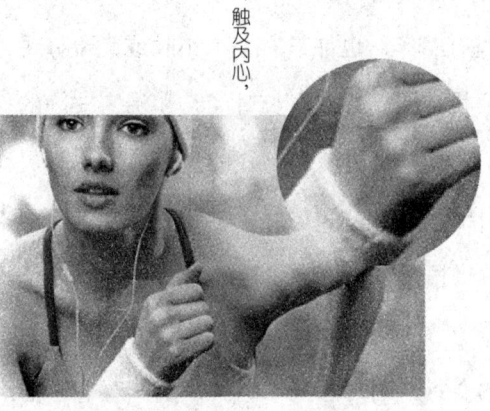

第四章

杂记

跑步者说　　跑步者说

1. 等待跑步的时间往往很长

人生有无数的等待,唯有等待跑步的时光让我感觉充实而激动。生命不是在奔跑,就是在等待奔跑。

一天的等待,是为了一个小时的跑步时光;一年的等待,是为了几个小时的马拉松比赛时间。等待让一天的日子和一年的生活充满小高潮。跑步者的人生就这样因为等待和跑步而充满起伏,不再乏味。

跑步者的生命由跑步时间组成，也在跑步中消逝。当跑步者把跑步当成生命的一部分时，他也成了跑步的一部分。生命因跑步而开始计划和等待。

即使在奔跑中，我们依然在等待。因为天气和场地原因，有时我们只能在跑步机上跑步。在跑步机上奔跑的时候，心里却在想着运动场的开阔和奔腾。在跑步机上的奔跑是对运动场的等待。

在运动场上一圈又一圈地环绕时，一成不变的运动场景令人乏味。我们憧憬着到野外更广阔的空间奔跑。运动场上的训练是对大自然的等待。

只有在大自然中奔跑，才是我们心灵真正寻找的跑步。但这样的时光在我们的生命中占的比重太少。生活中我们真正想做的事很少，很多的时候是为了这很少的事而做了很多不得不做的事。这很少的事才是我们生活的本质。

生命中跑步的时间很短，等待跑步和为跑步做准备的时间往往很长。

2．在路上唤醒你的回忆

人们喜欢音乐，并不只是因为音乐好听，而是因为音乐唤起了人们的记忆。音乐的好听只是相对的，这个人觉得好听的音乐，

那个人也许并不这么认为。

  年轻人对年纪大的人喜欢的音乐不屑一顾,年纪大的人对年轻人热衷的音乐也听不习惯,但他们对属于自己年代的音乐却都百听不厌,这是因为熟悉的旋律常常让他们想起最初听到音乐时的情境,唤起他们对人生中一段时光的回忆。

  这就是所谓的音乐记忆。跑步也有这样的功用,如果你回到从前曾经跑过步的地方,在同一时间段奔跑,也会唤起你对以前跑步生活的回忆。

  小时候,我在小镇的沙上公路上跑步。几年前回到小镇,我按从前的路线又跑了一遍,双脚踩在沙子路面上发出沙沙声,让

我仿佛回到年少时在这条公路上晨跑的时光。

只可惜后来大部分路面变成了水泥的，公路裁弯取直，改造后全然没有了从前公路的影子，在那里再也找不到从前跑步的感觉，虽然它变得更洁净，更适合跑步了。

我到城里生活后，在从城关到郊外的公路上奔跑了好多年，大多数时候是和一个既是小镇同乡也是同学的跑友一起跑。天未亮我们就奔跑在路上，经常会遇到一群早起从周围村庄赶往冷冻厂上早班的女工。

有时，在清晨月光辉映下的路边山体的肌理影像，看起来像亚当斯镜头下的黑白相片。路上安静，几乎无车，只听见两人唰唰的脚步声和有节奏的呼吸声，"极点"到来时，我可以听到自己快节奏的心跳声。

那时对距离和速度充满迷恋，每天都希望能比昨天跑得更快更远，每次跑步都是耗尽最后一丝力气才结束。最危险的一次跑步是一个周末的二十六公里跑。

那次跑步，开始自我感觉状态良好，在超越上周二十公里纪录想法的驱使下，我在跑到十公里处临时改变计划，把距离又延伸了三公里，这样往返总共就多了六公里。

一路跑得还算顺畅，但延长了跑步时间，让我的肚子非常饥饿，在快到终点时，我感觉体力不支，心脏和脑部供血不足，头脑发晕,嘴巴干渴,心跳达到极限,像要进出心房。

在离终点前一百多米停下来时,我感到手脚打战,几乎站不稳。撑着走了几十米到一个卖豆浆等早点的店铺,我叫老板在豆浆里加点盐,连喝两杯后才缓过劲来。我确信自己刚才如果在路上倒下就再也站不起来了。

这次跑步经历让我后怕,后来跑步时就不再对自己有速度和距离上的要求,这样让我轻松了许多,也有心情去感受跑步速度和距离之外的其他乐趣。

郊外公路上的晨跑因为搬家而停止。之后我在新家附近一所学校的运动场上奔跑。但偶尔我也会到郊外公路上跑步,回忆从前莽撞的跑步感觉,无论是黎明前路边山体的黑白影像,还是超量跑步后筋疲力尽的感觉,都让我感慨时光的流逝和身体感觉的变化。

这一切因为跑步的持续,而永久储存在我的记忆深处。

3. 跑步的足迹是你的财富

跑步的足迹虽然看不见,却是跑步者生命时空中真实存在过的生命轨迹。大自然中的跑步者也因为奔跑而使生命摇曳多姿,充满活力。

跑步机上的跑步轨迹只是一个原地不动的圆点，运动场上的跑步轨迹则是一个没有终点的圆圈，而只有在大自然中奔跑的跑步轨迹才丰富多彩、形态各异。

我喜欢戴一款可以卫星定位的跑步手表奔跑，跑步后只要把数据输入电脑，电脑就会自动生成跑步时的轨迹地图。这种设备使原本无迹可寻的跑步，成了可以随时查看的运动地图。

跑步者一生中无数次这样的跑步过程，构成了他的人生轨迹，跑步者的生命时空因此比常人更为广阔，生命也因此不再虚无。

跑步者用脚步拓展生命的时空，他奔跑时经过的距离，就是生命振幅到达的高度。跑步的轨迹有多长远，生命的振幅就有

多强健。速度不是考量跑步成就的唯一标准，距离有时也能成就奇迹。

我欣赏那些在极限距离中奔跑的跑步者，他们在和常人等长的生命时间里，到达了常人不可企及的生命空间。他们用漫长的跑步轨迹，创造了属于自己的生命奇迹。

在历史的长河中，生命只是一个圆点，但你不能说生命没有意义；相对浩瀚的宇宙，地球也只是一个圆点，但你不能说地球没有存在过。再长的跑步轨迹，从更高的空中观望，也最终复归于圆点，但即使是圆点，跑步者也会因为跑步轨迹的不同而拥有不同的状态。

跑步者会因为曾经有过的跑步轨迹，而使自己的人生多样和充满乐趣。跑步者也因此拥有和别人不一样的人生。

4．跑步机是无奈的发明

跑步是人类的本能。在大自然中奔跑是人类本能在自然中的宣泄。大自然公正无私，没有偏心，不设门槛，无论你是贫穷还是富有，即使你没有一双像样的跑鞋，赤足也一样可以在它宽广无比的大地上奔跑。而人类，发明了复杂的跑步机，将自己束缚于方寸之间，像小白鼠一样机械地动作。

我觉得跑步机上的运动是简化了的跑步,欣赏不了大自然的美景,呼吸不到新鲜的空气,体会不出跑步的好心情,这不是真正的、原始意义上的跑步。

优美的户外环境会产生跑步的原始冲动,但这样的环境不是随处可有。于是人们建造了运动场,后来又创造了跑步机。跑步机是人类受生存空间逼迫的一种无奈的选择,是跑步环境贫瘠的象征。

在跑步机上跑步动作单一,身体受力部位基本固定不变,不像在大自然中跑可以随时调整受力部位,特别是膝盖要承受较大的冲击力,长期同一个动作的运动容易造成膝盖损伤。电视剧《西游记》中饰演唐僧的演员,就因为长年在跑步机上跑步,造成膝盖劳损,后来经多年求医,才治好了病。

跑步从广阔的大自然搬到循环线路的跑道,再到机械传送的

跑步机，是一次跑步空间的浓缩过程，但这样的浓缩，浓缩的未必是精华。空间可以浓缩，但跑步的感觉无法保留。浓缩只剩下了肉体的机械运动，而抛弃了精神上的想象空间。

我总觉得在跑步机上的运动像深加工的食品，没有纯天然的营养和口味。我更愿意在大自然中奔跑，感觉这样才能真正回归跑步的本质。当别人在跑步机上机械地迈动双腿时，我在户外跑步独享了未曾破坏的环境、新鲜的空气和自由自在的感觉。我觉得这时的自己是最富有的。

如果不是受时间、场所限制，我最难理解的是主动选择在跑步机上奔跑。跑步是人类的本能，居然要依靠机器来帮助实现！当本能离不开机器的时候，本能的乐趣一定大打折扣。

5. 坚持并不一定有结果

"跑步使我欢愉，可是受伤却让我灰心。我现在随时关注自己奔跑时的身体状况，一旦发现有可能造成损伤，我会立即停下，绝不做无谓的坚持。暂时的放弃也是为了未来长久的坚持。跑步绝不意味着自虐。善待自己的身体终会得到它的回报。"

这是在一次跑步中受伤的经历给我留下的感受。几年前的一天，为备战马拉松比赛，我在星期六早上照例到公路上进行周末二十五公里跑。当天天气凉爽,我的身体状态良好。

一开始我就以比平常快的速度奔跑。那天双腿充满力量,起跑的感觉很好,我心里计算了一下完成规定路程可能要花的时间,预计可以打破自己之前跑过的二十五公里的纪录。

但在十公里的时候,我感到右腿踝关节有点痛。可能是速度太快,踝关节承受的压力超负荷,从那里传来了痛感。但这时,我的腿部力量依然充足,呼吸顺畅。我不想降低速度,失去一次创造自己最好成绩的机会。

我心存侥幸,咬牙坚持着跑下去,心里希望这只是暂时出现的状况,马上就会消失。又跑了两三公里,痛感果然消失了,我为自己的决定而高兴,庆幸刚才没有轻易放弃。

又过了六公里,痛感重新出现。这时我已不想放弃,我希望

它像之前一样会马上过去。但这次，痛感没有消失，一直陪着我跑到了预定的二十五公里的终点。

我那天跑出的二十五公里成绩比之前的成绩减少了2分多种，但也付出了沉重的代价：右踝关节留下了长久的损伤，后面的训练计划泡汤，也失去了接下来两年参加马拉松比赛的机会。这次受伤我很受打击，我整整停跑了一年多，右踝关节的损伤才完全康复。

在那天的跑步中，坚持使我得到了暂时的胜利，但受伤使我失去了计划中要参加的马拉松比赛。对于后面的比赛而言，我是失败了。那次晨跑给我的教训就是：坚持并不等于胜利，不顾后果的坚持，只会导致更长久的失败。

马拉松强调意志力的作用，让人相信坚持是完成比赛的不二法门。但马拉松的坚持要建立在身体实力的基础上，那种不顾实力的盲目坚持，只会造成身体的损伤。与其说每一个马拉松终点的成绩是坚持的结果，不如说是有选择地放弃和妥协的结果。

一位跑友的马拉松经历很能说明这种辩证关系：

"2006年的厦门马拉松，我计划在比赛中跑出3小时10分的成绩，达到马拉松二级运动员的标准。

"比赛一开始，因为受到现场气氛的感染，我以高于自己预计配速每公里4分20秒的速度奔跑。

"到 18 公里时，我感觉左膝盖隐隐作痛，我知道是速度太快引起的，就马上降低速度，调整动作，尽量不让左膝受力。直到把速度降至每公里 4 分 50 秒左右时，膝盖的痛感才消失。我知道这次比赛没办法达到自己预期的目标了。

"三十公里过后，由于高温天气体力消耗过大，双腿力量明显减弱。再保持较快的速度奔跑已是不可能，我的速度一度降至每公里 6 分 50 秒。这时我已不去想比赛前的目标了，只希望自己能顺利到达终点。

"那次比赛，一路上尽是因速度太快而中暑倒下的人。几名黑人选手因不适应高温天气，也中途退出了比赛。在剩下的路程中，我一再降低自己的速度标准，在膝盖伤痛复发时，甚至还步行了两公里。那时我在心里想，只要能到达终点，什么情况我都愿意妥协。

"就这样我跌跌撞撞地跑到了终点，同时超过了 4 小时。但我庆幸那天明智地调整了目标，完成了比赛。当时如果我继续按原来的速度坚持下去，也许我也会成为倒下的一个。"

跑步的坚持要建立在身体的能力范围之内，没有体能基础的坚持只会使身体受伤。不顾身体的客观能力，一味强调意志的作用，也许能在一次跑步中坚持下来，但却会给身体造成长久的伤害。单从为了恢复身体而不得不停练的时间来看，也是得不偿

失的。

  到达终点的马拉松都是不断妥协和目标修正的结果。跑步如此，人生亦是如此。那些在马拉松的途中倒下的，大都是不会妥协的人，以自己不可能持续下去的速度奔跑，结果只可能是倒下，永远不可能是终点。

第五章

跑 步 者 说　　折磨　　跑 步 者 说

1. 身体透支很可怕

透支在运动中主要是指运动过量。跑步者在自我感觉状态不错，或者身体状况不太好，但在意志的作用下，跑了超过平时跑步的距离，或在全程平均速度超过了平常速度时，都有可能出现透支。

大多数跑步者都曾体验过透支的感觉：出汗不止，身体某一部位持续地酸痛或痉挛，头脑空白，想睡觉，身体能力一点儿一点儿地丧失，精神状态跌落谷底，负面情绪出现，甚至会有"我可能要死了"的想法。

透支在肉体上是痛苦的，但在透支运动中，跑步者可能超常发挥地跑了比较远的距离，或以比较快的速度完成了规定距离，从而在心理上产生愉悦感和成就感。

这些感觉可以激励跑步者，但也蕴含着危险，一方面可能会让跑步者厌倦跑步；另一方面如果透支后得不到调整和休息，对跑步者身体造成的损害是无可避免的。

透支发生在一次性运动中，也会反映在一个人的运动生涯里。某年在马拉松赛上遇一老者，满头白发，一脸疲惫。交谈得知，他一年要跑好几场马拉松，还义务献血。跑马拉松和献血为他带来了荣誉，老人无法停下。

但老人的长相明显比实际年龄要老。我明白老人的生命透支了。人生的马拉松也需要在有计划的配速中匀速前行，任何力不从心的提前加速只会使未来的路程更加艰辛，甚至会让你提前出局。

在我国，专业长跑运动员往往在三十岁左右就结束了运动生涯，而业余跑步者却可以持续几十年，甚至一生。

专业运动员在青年时代经过超强度的训练，体能迅速透支，随着身体的受伤、心理的疲惫和精神的耗竭，他们早早地结束了自己的运动生涯。

而业余跑步者把跑步当爱好，他们和跑步保持着一段距离，在身体上没有透支，也不曾厌倦过跑步。这个爱好细水长流般地伴随他们几十年，成为他们生活的一部分。

所以无论是在某次跑步运动中，还是在终生的跑步生涯里，跑步者都要掌握一定的度，和跑步保持一定的距离，不必狂热地让自己的身体透支。

有计划的匀速是长距离奔跑中能节省体力坚持到底的真谛，也是人生路走得长久的保证。

2. 专业不一定最合适

马拉松有专业教练，但专业教练只是针对专业水准的运动员，并不适合业余跑步者。

跑步有许多训练方法，但对于成年跑步者来说，不可能也没有时间严格按制定的训练计划去做。只要不受伤，适合自己的身体强度，能让速度和耐力得到提高或保持，都是好的训练方法。

业余跑步者的体能基础和专业运动员根本不在同一层级,按专业运动员的训练标准,业余跑步者可能一组都完不成,更不用说完成运动量超大、详细琐碎的整个训练计划了。

关于马拉松的书籍大多为国外退役的专业运动员所写,书中大都是顶尖运动员的训练计划,对业余跑步者不具有多大的参考价值。只是一些训练的原则和方法可以让跑步者作为参考,具体的跑步经验和感受有待跑步者自己去体会。

没有针对业余跑步者的专门教练,所以跑步是业余跑步者无师自通的运动项目。对于专业的训练计划,只能根据自身条件进行吸收、改造,在自己可支配的有限跑步时间里,有选择地遵照一两项内容进行训练。

专业的训练课把跑步计划安排得密密麻麻,业余跑步者每天仅有一个多小时的锻炼时间,根本没办法按计划一一执行。即

使有时间，受体能和运动基础的限制，业余跑步者也没办法全部完成。

换句话说，一个多小时的时间，做不了几种练习，根本没必要用计划来一一列出。业余的事用专业的计划，反而把问题搞复杂了。

跑步者只要记住，能跑步就好，跑步中能快乐就好，不要去刻意追求跑步的速度，一切问题即可迎刃而解。

3. 学会休息让跑步更轻松

休息被看做是跑步的四大要素之一，其他三项是耐力、速度和力量。俗话说，不懂得休息就不能更好地工作。跑步也是一样，不会休息也就不能更好地跑步。在某种程度上，休息甚至被看做和训练一样重要。

跑步就是肌体内肌肉组织不断被破坏和重组的循环过程。休息是肌肉组织得以重组的重要环节，如果缺乏休息，肌肉组织一直处于被破坏的状态，没有重组，就会造成肌肉的损伤。

肌肉组织重组后比原来的更加强壮。这就是为什么有时候休息之后再跑步时，感觉身体能力提高了许多，速度不但没有降低，还有了明显的提高。

对于大多数跑步者来说，休息是不大情愿的事。一些专业运动员也是在被动休息时——受伤后不得不停下的休息——体会到了休息的益处。休息后重新跑步时，他们发觉身体的运动能力比之前提高了。

这种意外发现，让运动员逐渐有意识地利用休息来恢复身体能力，进而提高运动成绩。

以前有种错误的说法"天天锻炼身体好"，受它误导，大多数跑步者习惯于天天跑步。这样做的明显坏处就是身体出现疲劳时，人们不知道是什么原因，往往把它归结为生病，结果反而让自己对锻炼失去信心。

虽然业余跑步者的训练强度没有专业运动员大，但也需要通过适当休息来调整身体状况。一般一周要有一到两天的休息时间，没有必要一周连跑七天。

明白这个道理后就不会因为一两天没运动而觉得自己意志薄弱了。如果身体实在感觉疲劳，甚至可以让休息时间达到三天。

休息并不等于完全停跑，可以做些其他类型的低强度训练，如用蹬自行车、慢速游泳等有氧训练替代跑步。

最好要有一天完全休息不运动，这样可以让身体内未发作的隐性损伤得到有效恢复。从长远看这是有益的。这也是善待自己身体的一个小举动，将来会得到回报的。

休息时还可以采取一些非运动手段帮助肌体消除疲劳。对肌肉组织进行深层按摩就是一种有效手段。常年奔跑会使体内微观组织生成或大或小的疤痕，有经验的运动按摩专家通过深层按摩可以使你快速恢复体能，同时还能提高跑步成绩，延长运动寿命。

休息期间，还要注意日常生活方式对休息的影响。休息时需要真正的放松，如果用其他的生活内容填满了休息的时间，这样的休息就失去了其意义。

对于年纪大的跑步者，休息有另一层含义：不要太经常参加跑步比赛，特别是50岁以上的跑步者，每年参加马拉松比赛的次数不要超过两次。即使你的长跑才能天生优良，太频繁的长距离跑步比赛也会让你的运动生涯缩短。

生命在于运动，但运动也需要的自律。

4. 有效避免跑步带来的损伤

和其他对抗性运动相比，跑步显得安全多了。

跑步的损伤，很多时候是因为不懂得休息，不懂得如何避免伤害。跑步时要有张有弛，肌体兴奋时也要注意任何有可能引起受伤的苗头。这才是正确的健身之道。

为了成绩或图一时痛快而付出身体的代价得不偿失。锻炼时要时时关注身体状况，毕竟健身才是目的，成绩只是副产品。善待身体，身体也会回报你的理解。

跑步需要对抗的是跑步者自身体重产生的地心引力，这个过程最容易受到损伤的部位是腿部。每个跑步者不可避免地要面对损伤问题。

经过大量练习或从不运动的人运动后身体某一部位会出现酸痛，这种感觉一段时间后会消失，这只是一种模糊的不确定的痛感,还不是损伤。当这种痛感累积下来,成了持续性的疼痛时,肌体就出现了损伤。

这时最好的办法就是停止运动,至少是停止损伤部位的运动。我体会过受伤后想跑不能跑的那种痛苦。损伤后如果继续跑步,只能造成这一部位更严重的损伤。

无休止的跑步会导致肌肉损伤。大运动量的练习和快速的奔跑会促使损伤更早地到来。损伤的技术原因是运动过量或跑步姿势不正确,但根源却在跑步者的思想。

跑步者过于追求距离或速度,是造成损伤的思想根源。我也有过受伤的教训。几年前一次晨跑练习中,为达到自己预计的目标,我坚持带伤跑完全程,结果造成右腿踝关节部位损伤,导致一年多不能跑步。

这次受伤,使我的运动能力急剧下降。本来是为了追求速度,反而"欲速则不达"。这次受伤使我对跑步有了一种淡然的心态,不再以追求速度为目标。在后来的跑步中,一旦发现有损伤的预兆,我会马上减慢速度,调整跑步动作,如果这些还不能减轻伤痛,我就会毫不犹豫地停下来。

跑步中速度的提高和时间的延长打破了身体原有的平衡,很容易使薄弱部位出现损伤。跑步者只有在思想上放弃一味追求速度和距离的功利想法,回归追求快乐和健康的本意,才有可能免受伤害。

损伤的征兆出现后,马上降低速度或停止跑步,看似损失了一次计划好的跑步机会,却避免了受伤后不能跑步的遗憾。积极避免损伤的代价,远远比损伤后恢复身体的代价小得多。

5. 跑步中的呼吸和极点

跑步时三步一呼三步一吸,或两步一呼两步一吸。尽量用鼻子呼吸,在鼻子呼吸不过来时,才用嘴帮助呼吸。这时,嘴要半张开,轻咬牙,舌尖抵住上颚,让空气从牙缝里进去,不能张大嘴吸气,以避免冷空气刺激咽喉、气管而引起咳嗽。

这是跑步中呼吸的一般方法和原则,适用于中速以下的匀速跑。但是呼吸一成不变的跑步达不到运动效果,只有呼吸发生变化时才会刺激身体,提高运动能力。

跑步中随着时间的延长，距离的延伸，呼吸会越来越急促，不可能一直保持一种状态。特别是极点到来时，呼吸急促，气息变短，这时的呼吸，不可避免地要口鼻并用，尽最大力气呼吸，保证身体的供氧能力。

此时，只要能闯过极点，能让自己舒服的呼吸方式都是正确的，怎么舒服就怎么呼吸。这时呼吸的关键，是要尽力吐出肺里的残气，呼得越多，吸得也越多，身体就能从更多的新鲜空气里得到更多的氧。

有人在这时会不由自主地发出喘气声，其实喘气声也是一种助力方式，既帮助肺部呼出更多的废气，又让疲惫不堪的四肢更有力量。不要为发出声音不好意思，不要在意旁人的目光。

只要能减轻痛苦，跑道上的任何举动都是合理的。喘气声不仅能释放痛苦，也是在宣示快感。

极点是一种运动高峰的体验，痛苦中也会有快感。极点来时，勇敢面对它，细细地体味这种来自肉体深处、刻入身体的感觉，就不觉得它是一种痛苦了。像登顶前的冲刺，有精疲力竭的难忍，也有一步一步将山峰踩在脚下的快慰。

有了快感你就喊！喊叫会让你拥有双倍的快感，让极点去得更快些，让冲刺来得更猛烈一些。

6. 跑步不必追求速度

跑步让人自信，但也有人会产生自负感。有的人因速度快而自负，有的人以资历深而自负，但如果不能体会跑步中的感受，快跑和慢跑有什么区别？初次跑步的人和终年奔跑的人有什么区别？有什么值得自负的呢？如果跑步是一座矿藏，那么速度和资历就是伴生物，快乐和体会才是我们真正要寻找的宝藏。

提高速度不是跑步的唯一目的，只是跑步带来的乐趣的一种。跑步者达到一定的速度以后，总喜欢和别人攀比速度。每当他们在面红耳赤地争论谁比谁跑得更快时，我总觉得像是十多岁的小孩在争论谁比谁更能打架。

这些争论的人中不乏五十多岁的跑步者，他们认为跑步就是竞争，就是在与年轻人一决高下。如果输了，他们就会闷闷不乐。

我相信他们有超出常人的跑步速度,但这样以速度为输赢的比赛,不是我理解的跑步。

如果这么在意速度,去当专业运动员应该更合适。速度是运动员追求的唯一目标,而不应被业余跑步者当成唯一目标。业余跑步者的成绩再好,在专业运动员的面前都不堪一比。单纯比较速度,专业运动员的成绩会让跑步者几十年跑步生活的意义荡然无存。

速度并不是跑步的全部,提高速度只是跑步乐趣的一种。如果你找到了其他的跑步乐趣,完全可以忽略速度要求。专业运动员为了成绩导致伤痛,业余跑者追求身心的和谐而拥有快乐。

虽然跑步并不一定强调速度,但有时候跑步的快乐和速度有关;人生的快乐也不在于成就大小,但有时人生的快乐与成就相连。不一样的速度可以体会不一样的跑步感觉。

马拉松跑4小时的选手和跑3小时的选手感受一定不同。因为他们在途中超越的跑步者、经历的身体变化和最终收获的跑步结果不同。

每次的跑步练习,我都会频繁地看手上的计时表,我在寻找每一次跑步的意义。我不和别人比赛,只是和之前的自己比较。我要看看同样的距离,速度是不是提高了;如果没有提高,我的身体感觉是不是更好;按照同样的速度,我是不是可以延伸更长的跑步距离。

我在时间和距离的计算中找寻乐趣。这一切的乐趣要以一定的速度为基础，如果速度慢得比走路快不了多少，这一切的计算将失去意义。

跑步的有些感觉也只能在一定的速度里才能体验。跑步者常说的"飘"的感觉，必须在不低于中等速度奔跑时才能感觉得到。中速跑没有一定的标准，只是相对于跑步者自身的能力而言。

速度因人而异，中速更准确地说应该是跑步者在自身中等强度刺激下的速度。也许有的人6分钟一公里的速度就达到了中等强度刺激，而有的人要4分钟一公里的速度。

中速跑才有奔跑的感觉。长时间的中速跑，使手脚动作自如地反复，呼吸形成固定节奏，人感觉越跑越轻，到后来手脚好像不存在一样，动作飘浮，这就是"飘"的感觉。

"飘"是身体不由自主、思想进入空明的状态，让人兴奋。但随之而来的耗竭体验却让人坠入痛苦的深渊，前后的感觉冰火两重天。这是一种痛并快乐的感觉。

跑步者并不只有跑步。若生活都无着落，跑步又有何意义？在跑步和生活中找到最佳平衡的人，才是跑步者的最好榜样。当有人以狂人的姿态进行跑步时，他完全曲解了这项运动。

理性跑步，健康生活。

跑步可以健身，可以减肥，通过它可以得到健康，可以缓解压力。这是很多初跑者选择它的原因。

第六章

蜕变

跑步者说　　跑步者说

1. 像一个哲人那样去跑步

有人问我跑步时在想什么。也许不能像村上春树那样想出一本书,但跑步常使我思维活跃,许多平常让我纠结的问题这时都突然想通了,我觉得自己这时更像一个哲人。

我觉得跑步是一种富于哲理的运动。它简单,直接作用于人的心肺功能,更能直达人的心灵!例如跑步过程中胺多酚的释放,给人以镇定感和幸福感;跑步令人在精神上产生愉悦感,等等。

许多跑步者在奔跑的过程中,都在不断创造乐趣,这也是那些已经开始跑步的人能够坚持下来的原因。

跑步锻炼了我们的心肺功能,使我们有一个健康的身体。跑步不需要像其他运动项目那样学习许多运动技巧才能对身体有益,而是直接作用于心肺,让人不打折扣地感受到运动效果。

跑步让我们的大脑释放胺多酚,使人产生幸福感,也就是所谓的高峰体验。这是现在跑步者最普遍的认识。可能有的高水平的运动员都没有这种体验,他们为了保持最好的表现,需要不断调节身体器官的系统功能,容易在潜意识中忽略这种高峰体验。

把跑步作为爱好的跑步者比专业选手更能从跑步中体会到乐趣。唯一的不利就是,因为直接、简单,在运动过程中容易感到枯燥乏味而难以坚持。但跑步还有其他乐趣可弥补这种不足。

跑步使人思维活跃,产生哲理性的思考。像美国乔治·希恩的《跑步圣经》,日本作家村上春树的《当我谈跑步时我谈些什么》都是这类思考的产物。普通的跑步者也可以在跑步中得到一些生活启示。

在网络上,可以看到跑步者跑步后写的一些感受与感悟,虽然没有作家的文采、哲人的深刻,但也可以看出跑步使他们产生了对生活的启示性的思考。跑步这一简单的运动,蕴含了许多深

刻的道理，只要做个有心人，就不难在跑步中品尝出人生百味。

跑步让人产生自信和成就感，使人给自我以积极的评价。许多人在跑步中发现自己竟然可以做到从前想都没想过的事情，比如征服超过常人认知的跑步距离。

一个在生活中许多方面都不如意的人，可能会在跑步中对自己的身体能力有全新的认识，从而让自己在生活中重拾信心。

看看马拉松终点那些结束马拉松全程奔跑、举着成绩证书的跑步者脸上洋溢着的满足和自豪，你就明白这些刚刚经历过肉体煎熬的人，在精神上对自己的肯定超越了他之前的自我评价。

对有的跑步者而言，跑步带给他的是一种生活方式的改变。跑步使人远离烟酒，改善了生活环境；跑步还能使男人更性感，女人更美丽。这绝不是一句空话，这是跑步产生的胺多酚使人对自身和异性做出积极评价后的良好表现。

跑步使人性中的善良一面得到发展。跑步者大都有孩子般年轻的心态和善良的性格，对抗和比拼不是业余跑步者的追求。

跑步者需要战胜的对手是自己。跑步动作简单、重复的特点塑造着跑步者单纯的个性。在跑步的过程中，跑步者只关心呼吸、摆臂、蹬腿、身体的即时反应。

跑步者往往能在跑步的简单中自得其乐、超越自我，从而使身体各个机能发挥到极致，达到健康的好效果。

2. 拥抱生命中最纯粹的时光

你要学会享受跑步时光，像孩子一样投入地进行这项身体游戏，没有世俗杂事的烦扰，大口呼吸，尽情飞奔，在不停的奔跑中感受时间的流逝。

这是你生命中最纯粹的时光，面对自己的身体，切实地感知精神的力量，意志的作用。跑步是一种生活方式。当你开始在生活中计划跑步时，跑步就成了你生活的一部分，你的生活也成了跑步的一部分。

当某一天没跑步时，你会觉得生活缺少了什么，只有跑步了你才会觉得心里踏实。跑步让你内心获得安宁。清晨起床你的第一件事就是跑步，跑步回来会觉得神清气爽，一整天都精神愉快、心情舒畅。

跑步让你的一天有了良好的开始。拥有清晨，你会觉得拥有了一整天。你站在了一天情绪的最高点，体内充满了活力。你可以自如地掌控自己的情绪，让它变得积极快乐，充满力量。

为了晨跑，你需要早起。你在前一天晚上就准备好了第二天跑步的衣服和鞋子。你计算着时间，绝不让自己熬夜，时间一到，你就上床休息。你为此有意识地推掉了晚间的一切社交活动，只为第二天的晨跑保留充沛的精力。

  你的生活中多了一群人,他们也是跑步者。你们并不经常来往,可能只是清晨道路上奔跑相遇时,一声招呼,一个问候的手势,但你们却彼此相知。

  一段时间没有在奔跑的路上遇见,你们就会惦念对方。有了跑步比赛和活动,你们会互相提醒,一起参加,不为名次,只为那一份属于跑步者的热闹。

  除了跑步的训练时间,休息时你还会在心里惦记着跑步,回想跑步时的感受,计划着跑步时要达到的速度,期待着下一次跑步时间的到来。

  如果你准备参加马拉松比赛,就会做一个长期的计划,准备时间将长达几个月甚至一年。正因为有这些计划和期待,你的生活才变得更加充实。

跑步在无声地改变你的生活。跑步使你上瘾。跑步让你的生活规律，让你每天习惯性地开始跑步。

你也许练过武术，打过篮球，游过泳，但真正走入你生活的却是跑步。这些年轻时让你兴趣盎然、乐此不疲的运动项目，在你年长的时候，却会觉得兴味索然，太过复杂。

阅历的增长让你明白简洁才是本质。运动就是锻炼心肺能力，不必做过多的动作。跑步带给你简单的快乐，这和你的生活经历相符。太过复杂的事情，到最后往往会失去快乐的依托。

生活使我们变得复杂，但跑步会把我们拉回简单之中。在生活纠缠不清的时候，我往往是在跑步时简单的一呼一吸中理清了思路，找到问题的症结所在。

简单的生活，往往更容易产生快乐。

3. 体育的根本精神是什么

《跑步者世界》主编乔·亨德森曾说："我们宁愿看到有一万人在跑道上用七分钟跑完一英里，而不愿看到一万人坐在看台上观看一个人以三分五十秒的成绩跑完一英里。"

这才是体育的根本精神，也是倡导体育的目的。体育不应是造星运动,也不是只供欣赏的娱乐产业,而应是人人参与的健身活动。只有在全民中培养了终身锻炼的体育精神,体育才成其为体育。

能够承担这种体育精神的运动,也只有跑步这项简单易行的全民运动了。男女可行,老少咸宜,没有技术门槛,不需运动成本,跑步是一项真正的大众运动。

4. 在跑步中寻找人生的答案

有没有发现,好像在一夜之间,身边的人都在跑步。

阿甘在跑步,村上春树在跑步,股神在跑步,美国总统在跑步。最要命的是,身边比你身材好的、性格好的,都在跑步。而你,还在纠结每天要去吃什么。

有的人为了减肥,有的人为了挑战自己。虽然空气普遍不好,但是挡不住大家的跑步热情,所以那款号称"总统慢跑鞋"的NB鞋才能热卖。

跑步竞赛不是国产货,最早是古希腊人发明的,古代第一届奥运会上就已经有了短跑项目。"马拉松"这个名称的由来,也跟希腊有关。雅典人在马拉松海打败了波斯侵略者,士兵菲迪皮茨狂奔42.195公里回雅典报讯,马拉松运动的名称和公里数因此而来。

在奥林匹亚阿尔菲斯河岸的岩壁上,至今还刻着古希腊人的一段格言:如果你想聪明,跑步吧!如果你想强壮,跑步吧!如果你想健康,跑步吧!

跑步运动的真正兴起,其实是近100年的事,据说是对压抑枯燥的工业社会的反抗。最著名的例子是电影人物阿甘,有人问他:为什么跑步?阿甘很酷地说:Just run.

所以,你应该知道为什么很多领导人都喜欢跑步,比如美国的多位总统。跑步时,可以展示身材,长腿总统,这是多么加分啊。

不但政界领袖喜欢跑步,商界精英同样看重跑步。美国股神巴菲特在挑选接班人的时候,据说能不能跑步也被列入考量中。在最热门的两位接班人的履历表中,有这样一栏明确写着:泰德·韦斯勒,马拉松最好成绩为3小时1分钟;托德·康姆斯,

特长是铁人三项全能运动，5公里跑步的最好成绩是22分钟。

看到了没有？这些会跑步的牛人，意志力肯定都是非常强的。能忍受跑步的枯燥，就能忍受炒股时的枯燥。要知道，在炒股中，坚定的意志才是真正的大杀器。

巴菲特说，人生的很多问题，跑步都会给你答案。42公里，应该能给你足够多的答案。

文坛领袖爱跑步的，同样不乏其人。最有名的当属村上春树。写作其实和炒股类似，都要忍受长时间的孤独，没有坚强心智的人，很难坚持到最后。村上春树说，对自己身体的尊重，使得你也可以尊重其他人。爱自己，你才能爱世人。这是文学牛人对跑步的文学总结。

身边跑步的朋友都对我描述过同一个感受：跑步有瘾。大汗淋漓，身体毒素被排出，脑垂体分泌内啡肽，身体有一种被感动的愉悦。你跑啊跑，就这样一直和快乐约会。更深层的快乐，其实发生在精神层面。无论何等微不足道的举动，只要日日坚持，总会变得伟大。

有个经常跑马拉松的朋友对我说，在42公里多的过程中，身体有的器官关闭了，有的器官则打开了。你可以感受到与平时完全不一样的感觉，这些反应引领着他一次又一次去跑马拉松。

和古希腊时代相比，今天的物质条件已经无限提高，但是在精神领域，没有谁敢说已经超越了古人。人性依然不变，爱恨情仇依然每日发生，宝马香车也没有让你更加幸福。这时，跑步就像圣经一样，成为很多人简单的信仰。

古龙笔下的高手，唯快而已。跑步的高手，唯坚持而已。跑步，何其类似人生。超越了昨天的自己，哪怕只是那么一丁点儿，都是你继续坚持下去的理由。在长跑中，如果说有什么必须战胜的对手，那就是过去的自己。在一条只有你自己的小路上，没有朋友，没有对手，有的，只有沉默呼吸着的自己，伴随着汗水和快乐，直到人生的终点。

5．成为跑道上的自在舞者

跑步其实就是一场舞蹈，在健身房的跑步机上有音乐的伴奏，而室外的跑步没有伴奏，只有呼吸的节奏和四肢的节拍。节奏是跑步的灵魂，掌握了节奏，才能真正享受跑步。

跑步动作虽然有点单调，但形体和"舞姿"并不难看。舞蹈里的节奏在跑步里应有尽有，甚至跑步也有"舞伴"。

跑步的"舞伴"之间没有身体接触，只能听到彼此的呼吸和脚步声。"舞伴"在慢跑时还可以用语言交流，中间阶段是呼吸声的呼应，跑到后面则要靠性情的默契才能一起坚持下去。

如果是在宁静的清晨奔跑，两人可以清晰地听到彼此的呼吸声。呼吸一致，说明两人的跑步节奏接近，此时听着彼此的呼吸声跑步，像踩着音乐节拍跳舞。

如果呼吸节奏不一致，就像乱了节拍的舞蹈，很可能会像踩了对方的脚一样让彼此不舒服。这时就需要两者调整呼吸，尽量适应对方的节奏。

和跑伴一起听着呼吸奔跑，这是跑步时最舒服最享受的阶段，可以感觉到彼此之间的照应，暂时消除跑步过程中的孤独感。跑步能力强的一方，像舞蹈中的男士一样，起着主导作用，会适当降低速度，尽量适应对方的节奏。跑步能力弱的一方，则会在对方的带动下，不知不觉提升速度，进入平常一个人跑步时达不到的状态。

如果生活中还存在一种不用语言表达，只需要默默待在一起的状态，那就是在跑步之中了。两个跑伴能伴跑多远，就看双方在速度、呼吸、节奏、步幅步频上的协调能持续多久。

两个跑步能力相差不大且性情默契的人，即使"极点"来临，仍然会在各自默默忍受身体的痛苦时，在精神上一路扶持着奔跑下去。而性情迥异者，则很难相互坚持。急躁的人会提高速度，在短时间内结束跑步；性情温和的人则会降低速度，调整呼吸，继续奔跑。

我把每天的跑步当成一次舞蹈。根据身体状态的不同，我在不同的节奏和旋律下起舞。慢跑是轻柔的华尔兹，快跑是刚劲利落的探戈，冲刺是猛烈的摇滚。

跑步就是这样，一个人时是独舞，两个人时是双人舞，一群人时就成了集体舞。爱热闹的人喜欢集体舞，有跑伴的人选择双人舞，孤独的跑步者则常常是一个人的独舞。

跑 步 者 说

第七章

自由

跑步者说　　　跑步者说

1. 感受宇宙的平等与自由

跑步一视同仁地给予每位跑步者快乐。你投入多大的精力，就会在跑步中收获多少快乐。快乐不会因为你富有而增多，也不会因为你清贫而减少。快乐取决于你内心的追求，与身份、地位、财富无关。

跑步是一项平等的运动。越是发达的国家，参与跑步的人越多。参加跑步的人群中，三教九流，社会各阶层的人都有，一些国家和地区的领导人甚至也参与其中。

美国前总统克林顿，就是跑步的忠实爱好者。他推崇《跑步圣经》，把它的作者乔治·希恩奉为导师和思想家，把参加一次马拉松作为他退休生活的目标之一。

跑步是一项平民运动，它几乎不需要多大花费。游泳要买门票，高尔夫要收会员费，武术要交学费，即使是篮球，也要买个篮球，有个球场。跑步把这些费用全省了，也不需要你太多的其他投入。即使你有所讲究，也只要一套短裤背心，一双跑鞋，再加上一块计时的手表就足够了。一些赤足奔跑的人，甚至连鞋子也省了。

跑步的过程体现了平等，马拉松运动更是如此。当几万人站在马拉松跑道的起点时，每个人的差别降到了最低。没有人会考虑你是从事什么职业，银行里有多少存款，买了几套房子，平常开的是什么车，每个人关心的是尽早地回到这个出发的地方。这里是起点，也是终点。

在这里，时间是区分每个人的唯一标准。在爱好者之间，男女甚至消弭了差别。在奔跑的途中,个子娇小的女性超越彪形大汉的情景常有出现。这就是跑步,一项真正平等的运动。

跑步的过程也是让人感受自由的过程。追求自由是人的天性。跑步意味着摆脱桎梏,是对自由最直接的触摸。

因为地心引力的吸引,人的肉体难得自由;因为人类社会法律和道德的约束,人的行为难得自由。人类需要自由就像潜水的人需要空气,只要有机会就会努力吸上一口。

人类在运动中用各种飞奔、跳跃的动作来表达飞行的愿望。虽然每个动作都以掉落地面为结局,但短暂的跳跃满足了人类获得自由的追求。

奔跑时的每一次腾空都是躯体暂时获得自由的瞬间。长时间奔跑积累的自由时刻是可观的。自由没有绝对的时空,但在跑步这个相对的时空里,奔跑者获得了自由。

你能跑多快,跑多远,决定了你在跑步时能感受到的自由的程度。这时限制你自由的,不是人类社会的法律制度和道德规范,而是你自身奔跑的能力。这时在你身上起作用的只有自然规律,能克服多大的地心引力,你就能得到多大程度的自由。

2. 不再为跑步而跑步

很多人看怕了运动员挥汗如雨的苦练，对跑步望而止步。他们大都混淆了运动员和跑步者的区别。运动员在意成绩，追求速度；跑步者则注重感受，追寻体验。

速度带来刺激却容易消逝，体验得到的快乐往往能够长久。所以很多专业运动员青春一过，便远离跑道；而跑步者则能把跑步作为爱好，终身参与。

如果运动员只求快乐，不问成绩，肯定不是一个好运动员；而跑步者放弃快乐，贪求成绩，则一定会感到烦恼。身份不同决定目标不同，追求亦不同。运动员的成绩，跑步者难以企及；跑步者的执著，运动员也不能与之相比。

李小龙曾说过练武的三个境界：一拳不是一拳；一拳只是一拳；一拳不过是一拳。我觉得跑步也是如此：刚开始时，我们太在意跑步之外的东西，跑步还不是跑步；后来体会到了跑步的乐趣和益处，跑步只是在跑步；再后来，体会过跑步的激情后，发现跑步不只是跑步，我们可以在跑步中发现一个阐释生活的崭新视角。

刚开始跑步，我们想超过别人，想在比赛中获得胜利，取得名次，得到奖励，受到关注。我们急躁冒进，常被场地、时间、

天气困扰,还因为没有合适的运动服、跑鞋而烦恼。

我们贪多求快,总想跑的距离更长,速度更快,总想做超出能力范围的事情,却极易在跑步中受伤。伤痛使我们止步,成绩倒退,感到沮丧。我们不知所措,反而一次次怀疑跑步的动机。

刚开始跑步像企求能活下去就行的穷人,只要能跑下去就满足了,对生活不敢奢望但又怀着不甘心的企求。当你提高了跑步的能力,认识了自己的身体,懂得了提高速度的窍门,间歇训练、碳水化合物、损伤耗竭这些概念用得熟稔时,只要有时间就没有什么能限制你了。

当你可以自如地奔跑时,你也成了跑步的富人,而当在随意的奔跑中思如泉涌时,你才是跑步的哲人。

太早想着终点,会让我们忽略过程的美好;一路期待成绩,只能让身体感觉麻木;总在盼望早点到达目的地的旅程,往往不能欣赏旅途的美景。当某段时间,我们让身体好好休息,放慢了奔跑的脚步时,会突然发现奔跑之中其实还有很多的乐趣。

我们体会到了跑步时的自由感觉,欣赏到了自己奔跑中的身姿,感受到了跑步中的友谊,体验到了奔跑后身心融洽的圆满;我们便不再为速度烦恼,我们学会了理性奔跑,不再受伤痛困扰;我们的身体在跑步中重新占据了主动,不再被双腿拖得疲惫不堪。

当一切安置妥当,我们的心智开始主宰奔跑,技术性的跑步退居其次。我们不再受跑步中的问题困扰，跑步成了我们有规律的生活方式。在跑步的快乐中，我们开始学会哲学的思考。

我们不再为跑步而跑步，因为跑步点燃了我们思想的火花，我们的思维超越了跑步，跑步时我们往往会沉入对生活的奇妙冥想中。这冥想给我们带来了对生活的崭新感觉。跑步已不只是跑步，它成了给我们的未来人生带来继续生活的勇气和动力的生命伴侣。

3. 纯净无杂质的生命形态

生命由时空界定。跑步是跑步者感受生命的最好形式——随着时间的流逝，跑步者的脚下也在不断拓展空间。当然在跑步机上的人除外。

真正的跑步应该是在大自然中的奔跑，至少也该在跑道上，有脚踩大地的感觉。跑步不仅是跑步者的生活方式，也是跑步者生命的存在形式。跑步一旦融入一个人的生活，就将改变他的生命状态。

终日伏案的人生活中有了跑步，生命即因为"静"的形式中有了"动"的状态而丰富。温婉的女性加入跑步者的行列，生命存在也因温柔中糅合了刚健而变得更加动人。孱弱的老者健步如飞的时候，生命也会更富有生机。

专注跑步会使生活更加简约，你会突然发现原来许多我们曾孜孜以求的东西并不是生活的必需品。为了清晨的奔跑，你会早早上床休息，摒弃一切不必要的夜生活。生命因为简单而不再超负荷运行。

最简单的东西，往往最基本，触及内心，直抵灵魂。跑步就是这样一件事，简单，无处不在。

生命形式如此奇妙地被跑步改变，生命之树也由此摇曳多姿。有人说，生活就是跑步，其余时间就是对跑步的等待。这是一种更为概括的生命存在。它把生活划分为跑步和非跑步，除此之外，没有第三种形式。

在这个绝大多数人为金钱疲于奔命的时代，跑步者进行的是更为纯粹的修行。奔跑，就是跑步者生命中纯粹得没有杂质的状态。

我每年都要参加一次马拉松。只有在参加马拉松比赛的这两天时间里，我才感觉生命实实在在、完完整整地属于自己。为马拉松准备，为马拉松奔跑，没有其他目的，生命的纯粹在这时得到体现。

从到达举办比赛的城市那一刻起，我全然进入跑马拉松的准备状态，做的每一件事，我都觉得和第二天的马拉松比赛有关。我不放过任何一个环节的准备，因为每个环节都可能对比赛产生影响。不是我过敏或多虑，而是我愿意这样为比赛进行准备。

从主办方那儿领到号码布后，我开始执行比赛准备计划。从午餐到比赛前的最后晚餐以及第二天凌晨的赛前进食，从午休到夜间的睡觉，我都按计划进行，谁打乱我的计划都会让我不舒服。除了吃饭时间，我不再离开房间半步。

据说篮球巨星乔丹到一个城市打比赛时，除了球场，就待在酒店房间里，因为他怕被人遇到。面对天王，遇到他的人总是兴奋得不敢相信自己的眼睛，哪怕她是六七十岁的老年人。

我不是名人，当然不怕被人认出来。这个城市没人认识我，除了和我一起来参加比赛的跑友。即使被人认出来，也许紧张的也是我。我只是觉得待在房间里静静地想着将要做的事情是一种很美好的感觉。

为了这件事，我会在房间里进入冥想的状态。我会把此后的每时每刻衔接起来，直到比赛开始。比赛只有几个小时，但我愿意把这时生命的纯粹状态延长到几十个小时。赛前的等待，比赛时的磨难，对我来说都是感受生命的最好时刻。我在享受。

第二天比赛，发令枪一响，我开始了与自己身体、灵魂的对话过程。我也不知道这个对话会有什么样的内容，会以什么方式结束。

跑道在延伸，生命的无知无虑状态也在蔓延，直至到达终点的那一刻才戛然而止。

4．越跑步越洒脱、越快乐

跑步简单，跑步者单纯，我喜欢和跑步爱好者交往。他们往往内心单纯，心地善良。他们目标明确，意志坚定。在跑步的时候他们独善其身，不会伤害别人。

和跑步者交往，就像跑步时不必担心受到冲撞那样，你不用担心受到伤害。因为跑步运动不需要身体接触，远离对抗。

一个真正的跑步者，也许应该集"真、善、美"于一身。"真存在于性情,"善"隐藏在内心,"美"表露于跑姿。而这一切又以"善"为根源。很难想象,一个心存恶念的人,会有坦诚的性情、洒脱的姿态。

有人说,跑步是成年人的游戏。没有内心的"真",如何跑得起来?生活中不可能让人有"跑"的姿态,除非是在紧急状态,要不然人们会认为你非疯即傻。

有了跑步的名义,我们可以跑得无所顾忌,跑得随心所欲,既能锻炼身体,又可以放纵性情。在世俗容许的时空里,能够明目张胆地放浪形骸,我们何乐而不跑?

跑步简单,但不机械;机械的复杂磨灭人性,简单的重复让

你更有时间审视内心。心机太多，善便没有了存活的空间；心思单纯，内心遍布善良的种子。

记得上世纪 80 年代，日本有个叫"大竹英雄"的围棋手，他对输赢不在意，却在意落棋的布局是否完美。对于跑步者，追求跑步姿势的完美应该更甚于速度和名次。强调速度，会让人产生压力；关注跑姿，却可以提高乐趣。我可以跑得不快，但不可以跑得不美。做个不在乎速度和名次的跑步"大竹英雄"又何妨？

所谓完美跑姿，如果自己看着舒服，别人看了顺眼，就可以称之为完美了。这应该是跑步的理想状态。当然世上没有真正完美的事物，但朝着理想的方向去努力总是没错的。

正确的跑姿自然、省力，感觉舒服，看起来也比较优美；反过来，看起来别扭的跑姿，肯定在某些方面有所欠缺。讲求跑姿的美观，是为了自然合理，不是为了美而做出美的样子。熟练的跑步者深谙此道。

第八章

远方

跑步者说　　　　　　跑步者说

1. 距离是跑步者永恒的向往

跑步是跑步者的通行证,享受是享受者的墓志铭。跑步可以看得见的是空间距离的延长,看不见的是时间的消逝,能感受到的是心境的变迁。

跑步是一个漫长的过程,除了事业,也许没有人会有耐心花这么长的时间去从事这项运动。即使你从没有觉得自己是在做一件花费时间的事,但当你回头看时,不知不觉几年的时光就在你奔跑的双脚下溜过去了。

速度和距离反映着跑步者身体衰老的程度。当我们在跑步中感觉速度再也上不去时,衰老已无可避免地到来,然后我们可以用距离的延伸来延缓衰老。跑步者用脚步拓展了生命的时空。

大多数跑步者是从跑步的距离开始感受到跑步的魅力,从而喜欢上跑步这项运动的。当一段感觉遥不可及的距离被征服在脚下时,你的内心充满了成就感,从此开始沉迷于跑步。

跑着跑着,当距离对你不再是问题时,你希望能用更短的时间完成同样的距离。这时你又对速度有了兴趣。

关注速度让你对时间的游戏充满兴趣。对于每次跑过距离所花的时间,你斤斤计较,时间的计量单位精确到秒。

你像运动员一样在意每次跑步的速度。速度的提高给你带来了快乐,但停滞不前的速度让你感到烦恼。烦恼的时间远比快乐的时光多。

烦恼的时候,你会回想自己为什么来跑步,怎么会像运动员一样关心速度,这样不是把自己当成运动员了吗?

运动员是职业,你在乎运动员在乎的速度,不是让人觉得很

可笑吗？于是你会重新回到对距离的兴趣上来，重新在征服距离的过程中寻找乐趣。

距离是跑步者的游戏。那些长距离奔跑的人无不是在做距离的游戏。速度成了无关紧要的事，没人注意它。

几天几夜的长时间奔跑，几百公里的超长马拉松，都是厌倦了短距离的跑步者创造的新游戏。在这里，能完成这样距离的人都是英雄，没人在乎你跑得有多慢。

当速度停滞不前，让你对跑步有点厌倦的时候，不妨忘记速度，回归到距离的游戏中，重找刚开始跑步时征服距离的喜悦，让跑步重新回归到距离的乐趣中。

距离在跑步者的脚下，会演化成无数精彩的活动。有的人像阿甘一样孤独地奔跑在异国的道路上，最终在印度魂归天堂；有的人终年奔跑于世界各地，后面跟了一个为他服务的团队，只因为他愿意这么度过他的人生；有的是几个人组成一个团队，一起奔跑在东方古老的丝绸之路上，用一天一个马拉松的行程震撼世人。距离在跑步者脚下，就是一段奔跑的传奇。

单纯追求速度，容易受伤和产生挫败感；每天在跑步前定下距离，只要能跑完，就给自己肯定和鼓励，这种心理上的积极暗示会让你不断收获成就感和满足感，不轻言放弃。

对于跑步者来说，速度并不重要，距离才是永恒的向往。每天的天气和身体状况都不同,不可能永远保持在最佳水平,所以不必强求速度,只要能不受伤地让自己坚持下来就是胜利。

2. 路就在你的脚下延伸

跑步其实并不简单。第一次跑马拉松,大多数人都要经过两三年的锻炼,这相当于大专阶段的学习时间。耐力好的人,或者不求速度、只求能在关门时间"走"完的,也要经过一年的速成练习。

我和朋友在看了三年的马拉松直播后,才决定一起去参加一次比赛,虽然我们从学生时代就一起跑过二十公里的长距离。马拉松全程42.195公里,对于现代交通工具来说,是个短暂的距离,但对于我们的双脚来说,却是个漫长的征程。

古人说:"不积跬步,无以至千里。"再漫长的路也都是从脚下开始的。许多业余马拉松爱好者正是从最初只能完成体育场400米的跑步距离开始,踏上了42公里多的马拉松征程的。

这并非不可能。无论多怵于跑步的人,只要经过有计划、持之以恒的训练,都可以踏上马拉松的旅途。只是这和马拉松的距离一样,也是一个漫长的过程,短则一年两年,长则三年五年。

许多事情没有可能与不可能之分,只有做与不做之别。跑马拉松就是其中之一。对于业余跑步者来说，能否完成马拉松，关键在于速度。现代的马拉松比赛对完成马拉松的关门规定比较宽松。

厦门马拉松曾定为6小时之内，后来为吸引更多的跑步者参加，又延长为7小时之内，要求平均每公里10分钟的速度。这只是比行走稍快的速度，只要你有一定的意志力，经过3～6个月的跑步练习，基本上都可以完成。

如果你需要在5小时之内完成比赛，这时你的速度要达到每公里7分半钟，除了意志力上的要求，你的身体还要有一定的承受力，保证双腿不会因为受伤而丧失跑步能力，导致最终放弃比赛。

比赛时的配速只能在6分半钟至7分半钟之间。途中允许穿插走路，但由于跑步持续时间较长，对腿部的承受能力和心肺功能的要求更强。这一层次的跑步能力，除了意志力上的要求，还要求跑步者有一定的速度。

在平常的训练中，速度要能达到每小时 10 公里，至少经过 6 个月到 1 年的有计划训练，每个月的跑量在 140 公里以上（每周跑 6 天，每天跑 5 公里，周末跑一次 10 公里）。

当你要求全程马拉松在 3 个半小时至 4 小时之内完成时，你必须在平常的训练中有意识地加强速度和耐力的练习。在平常的训练中你的速度要能达到每小时 12 公里以上，即能轻松地以每公里 5 分钟的速度完成跑步练习。

初学者要达到这一层次的水平，至少要经过一两年的系统训练。有长跑天赋的人这一过程短些，有的人用不到一年的时间就可以在全程比赛中取得 4 小时以内的成绩；不擅长长跑的运动者则要用更长的时间来达到这一目标。

对于以在 3 小时 30 分钟内跑完全程马拉松为目标的跑步者，则要借鉴专业运动员的训练方法，进行专项的力量训练和速度、耐力的训练。在日常训练中要有比较大的训练强度，这时既要注意训练后的营养补充，也要预防训练中的损伤。

按照我国的运动员等级标准，男性 4 小时以内完成全程马拉松者，达到三级运动员标准；3 小时 10 分钟以内为二级运动员标

准。理论上只要经过有计划的系统训练，一般跑步者都可以达到二级运动员标准。

只是不同运动能力的人所用的时间不同。有长跑天赋的跑步者能在短时间内达到，而不善于长距离跑步的跑步者则要付出更大的代价、更强的意志力才能达到同一目标。

3．让瞬间连缀成一场舞蹈

就体育运动员的身体协调性而言，田径运动员的身材最为协调匀称。我偏爱田径运动员协调匀称的身材。

所有关于运动的经典瞬间，一定离不开跑和跳这两个动作，而跑步的每一个动作都是具有美感的经典瞬间。马拉松就是由这样无数个经典瞬间连接起来的运动。

和一些注重马拉松成绩的跑步者不同，我更喜欢把马拉松当成一场舞蹈，一场历时三四个小时，甚至五六个小时的，动作连贯的舞蹈。不是我认为跑步成绩不重要，而是我觉得追求速度是专业运动员的事情，业余跑步者应该更注重速度之外的东西，如奔跑过程中的感受和支撑着跑步的精神力量，等等。

从起跑的那一瞬间开始，跑步者就表现出了奔跑的美感。每一次脚步的迈出，都是一个充满动感的瞬间。跑步的动作虽然简单而且有点单调,但在马拉松漫长的跑道上却成了一幅奔腾不息的画面。

评价舞蹈的标准不是谁能更早地结束表演,而是在舞蹈过程中表现出来的美感。当把马拉松看成是一场舞蹈时,成绩就不再重要了。

所以对于马拉松成绩而言,我更看重跑步过程中动作的延续性。我宁愿跑出不太好的成绩,也要保证自己在整个奔跑过程中动作的连续性。只要能保持跑步的动作,这场马拉松的舞蹈就不曾停止。

在马拉松比赛中,我喜欢用比平常训练时略慢的速度进行配速,让自己匀速跑到终点。我让自己的跑步过程充满力量感,保持动作连续性。跑步过程中我欣赏自己动作的节奏感和跑步姿态的美感。

我不以到达终点的时间作为自己的成绩，而以跑步过程中是否一直坚持跑步动作来衡量自己的表现。如果途中穿插了步行而中断了跑步动作，我将视之为自己比赛失败。连贯地跑完全程对我而言就是一场完美的胜利。

有的人在前半程猛冲猛跑，后半程却只能拖着疲惫的躯体蹒跚而行。这样也许能取得比我好得多的跑步成绩，但这不是我想象中的马拉松。

马拉松就是一场只有一个动作的简单舞蹈，它的美体现在过程的节奏感、动作的力量感、奔跑的连续性和持久的意志力。

马拉松途中的匀速跑，筋疲力尽时的耐力跑，临近终点时的冲刺跑，既让跑步者体验到奔跑过程中不同体能变化带来的身体刺激，也让跑道两旁的观众欣赏到跑步者表现出来的节奏感、意志力和力量感。

跑步经验证明，匀速跑是马拉松跑最节省体力的方法。只要能坚持到底，匀速跑者的最终成绩往往不会太差，有时还会优于前半程跑速较快的跑步者。只要能用每公里5～6分钟的速度匀速跑完全程，马拉松成绩就会在4小时以内。而我在比赛中经常会看到，求胜心切的跑步者由于过早发力，全程成绩最后都超出了4小时。

速度不是跑步者的唯一追求，为了跑步过程中的美感，做个不计较成绩的"宇宙流"跑步者又何妨？业余马拉松跑步者的实力在比赛中注定成不了赢家，何不牺牲点速度，让自己的跑步过程更富于美感呢？

4．生命的洗礼

马拉松是跑步者的人生欢歌。每年的马拉松都让我的生命经历一次洗礼。这个过程有毁灭性的打击，也有重生的喜悦；有顽强的坚持，也有怯懦的退缩；有莽撞的领先，也有理智的跟随。

人生像一场马拉松，或者说一场马拉松更像一次人生经历。这是很多跑过马拉松的人都有的感慨。可是每个人的感受都会有所不同，这也是马拉松让人着迷的地方。

没有谁能随随便便到达马拉松终点，人生也没有谁能随随便便成功。跑步的姿势是单一的，但马拉松的精神内涵丰富多彩。一万个人有一万个跑步故事，有一万种马拉松精神。

完成马拉松，首先要战胜的是心理。马拉松让很多从没尝试过的人感到害怕。这里没有危崖险壑，没有豺狼虎豹，他们害怕的是一组数字：42.195。其实这只是一组数字，没什么可怕的。

在马拉松的终点，生命是平等的，不管你是达官贵人还是贫苦百姓，不管你是四肢健全还是肢体残缺，不管你是耄耋老者还是懵懂少年，要想到达终点，都必须承受 42.195 公里的磨炼。

起跑时的万众欢腾不正是人生之初的欣喜与悸动吗？不管未来如何艰难困苦，我自欢歌笑语。人生有太多的艰难和不如意，你在幼年的时候一定不会去想象未来的苦难，否则对不可知苦难的忧心会早早摧毁生命的幼苗。

站在马拉松的起点，不必去想象后半程的艰辛，否则就会止步于起跑线。如果把人生看成一场马拉松，就不会有输在起跑线上的担忧了。对于漫长的马拉松旅程来说，起跑并不能决定什么。

全程马拉松的挑战远不是半程可以体会的。跑完半程是在大多数人身体所能容忍的极限之内，而马拉松对人的考验全在后半程，特别是 30 公里以后的部分。那种艰辛和对距离的恐惧，不亲自参与是体会不到的。跑马拉松的过程更像生命的历程，你在途中有什么样的付出，在终点就会获得什么样的成绩。

跑马拉松前半程在意成绩，对时间分秒必争，是因为有新奇感的兴奋和刺激，奔跑变得愉快。兴奋和刺激在后半程逐渐消失，因而使人变得麻木，这时只想着能坚持下去就很好了，时间在大把大把地流失，却也无可奈何。

因为这时最需要的是坚持，不能放弃成了坚持下去的唯一信念。马拉松的艰难全在后半程，人生又何尝不是如此。人生的青春期有许多未知的机会吸引着你，再怎么艰难都有探索的动力。

但当人过中年，一切尘埃落定时，对时间不再敏感，一天和一年几乎没什么区别。当理想不再照耀现实，活着就是最具体的现实。坚持成了唯一的理由。没有理由的坚持成了继续未来人生旅程的唯一理由。

人生的后半程，一切已成定局，你甚至可以像跑马拉松一样，计算出到达终点的时间，只要不出意外。人生的后半程更需要坚持，除非你想中途退出，或者让你的后半生成为垃圾时间。

马拉松最精彩的部分应该是在终点，在这里可以看到人生一个个瞬间的生命截面。有狂欢、有痛苦、有放松、有愉快、有冲刺、有倒地、有满足、有遗憾。

如果忘了人生的滋味，就去跑一次全程马拉松。如果人生正在遭受痛苦，也去跑一次马拉松，一定会增加你对痛苦的承受力。

跑马拉松者中年人居多，那是因为他们领悟了太多人生感悟，而这些人生感悟和马拉松的体验何其相似？乳酸堆积、缺氧等难受的体验是跑步的一部分，正如痛苦和辛酸是生活的一部分。

没有体力付出、永远不累的跑步不是跑步。一个筋斗十万八千里比马拉松距离远多了，轻松多了，但这不是跑步，更不用说体会跑步的乐趣。

没有奋斗过的生活不是真正的生活，没有经历过苦难的成功不算成功，而生活和成功往往需要关注细节。跑步动作的一个微小调整，可以让一次马拉松的成绩发生明显变化：可能中途崩溃，也可能得到提升。

人生亦是如此，生活中一个细微的习惯，有时甚至可以影响你一生的命运，正所谓一念天堂，一念地狱。

跑步的时候，不要有太高的期待，把握好每个细节，往往会有好的成绩；人生不要有太高的要求，关注每个成长的细节，往往会有超出预期的成就。

只要不是太过勉强自己，跑步的受伤完全可以避免。而人生可以没有太高要求，但受伤却不可避免。人在受伤中成熟，而跑步中的受伤却会使人情绪低落。

我们不能改变已经发生的人生，但我们可以用脚步来品味人生。有时放开脚步去跑，会取得意想不到的成绩。人生也是如此，没有放开手脚去干，永远也不知道自己的潜力有多大。

马拉松的起点大多都是终点。无论途中经过多大的起伏，最终都会回归起点。上坡逆势而行时，不要沮丧，返回时一定会有下坡的顺势而跑，以补偿你的速度损失；下坡顺畅时，也不要忘乎所以，一定会有上坡的艰辛在等着你。

人生没有永远的逆境，也没有一成不变的顺境，逆境时要懂得期待，顺境时要怀有警醒。无论经历怎样的成功和失败，人生的起点和终点都有一样的生命海拔。

5. 人生不能重来

人生和马拉松的不同之处是，马拉松还有下一场，而人生不能重来。马拉松选手有专业和业余之分，而人生没有，每个人都是自己人生的专业选手。

专业运动员在两个多小时内跑完全程，就好比是成功者的人生，激烈，辉煌，受人瞩目，得到奖励，但这只是少数，更多的是用三四个小时，甚至五六个小时完成全程的业余爱好者。这更像平凡人的人生，悠远，绵长，起伏不大，充满痛苦。

业余跑步者再怎么训练也赶不上专业运动员，但业余跑步者对提高成绩还是乐此不疲，因为提高成绩的过程给他带来了快乐。

他看到的是对自我一点儿一点儿的战胜,战胜自我远比战胜他人来得快乐。

不要用专业运动员的成绩去衡量业余跑步者,因为没有可比性,一个是为了生活,或者说为了生存价值,一个是为了乐趣。如果用专业选手的成绩来衡量业余跑步者,后者的努力将没有任何意义。

就好像常人的人生和成功人士的人生不能比较。难道因为不是成功者,就要否定平常人生活的意义吗?只要活着,只要曾经为你的生活目标奋斗过,你的人生就有意义。

就好像马拉松,只要你跑过,只要你坚持了,甚至不必问是否到达终点,因为没有到达终点的马拉松也有一种不一样的感受。

马拉松的距离对每个人都是一样的,有所区别的是每个人到达终点的过程不同。专业选手快速激烈,业余选手慢速沉闷,更多地承受着因长时间运动而导致身体机能衰竭所带来的痛苦。

人生也是如此,成功者的人生辉煌,平凡者的人生却充满苦痛。但公平的是生命只有一次,只要努力,每个人都有展示的机会。

平凡的人生就好像一次长距离奔跑,起伏不大,但延续很长。只要你能坚持下去,平凡的人生也会有不平凡的一面。

业余跑步者只能以普通的速度跑马拉松,远不能和专业选手相比,而能够跑完全程的人在生活中仍是少数。从这点上来说,敢于挑战马拉松，本身就是一件不平凡的事。

　　一样的马拉松，运动员和跑步者却有不一样的收获。运动员获得的是荣誉，跑步者得到的是感受。运动员需要的是成绩，跑步者需要的是一个完整的过程。

当一个人选择以跑步作为健身方式时，会忽然发现，跑步这件事已经远远超越了运动的范畴。

跑步犹如一个容器，除了满足一个人基本的健身需要之外，还是一种纯粹而淡然的生活方式，一种自由而积极的修行方式。

它是一种文化，一种精神，一门哲学。

PART 2

训练

跑步的标准动作是什么？跑步中如何有效地避免损伤？跑步前需要做什么热身动作？跑步后需要做什么放松动作？跑步中如何科学地呼吸？如何测定心率并用其指导训练？坚持跑步运动，如何科学饮食以补充营养？这一部分将向你解答这些问题。

尤其需要指出的，跑步是一项国际运动，它需要科学的训练，否则会给你带来伤害，最典型的如膝盖受伤。盲目地训练，不能很好地坚持，除了精神和毅力的问题，也有身体的原因。只有当方法和动作等都非常规范的时候，身体才会感到舒适并主动配合你。

第一章　动作

跑步者说　　　跑步者说

1. 跑前热身必不可少

跑步前的热身活动是跑步的一个组成部分，也是不可缺少的运动环节。身体没有经过热身就直接开始跑步，不但收不到好的运动效果，还极有可能造成身体损伤。

充分的热身活动可以让腿部的血管膨胀，保证提供充足的氧气，同时将肌肉的温度提高到理想水平有利于提高身体的柔韧性，提高运动效率，加强身体力量，提升锻炼效果，同时也能有效避免运动中肌肉拉伤和关节扭伤等情况。比赛前热身还可以逐渐提高心率，帮助减少比赛开始阶段的心脏压力。

热身活动的目的是使全身各部位、各器官都活跃起来，从平常安静的状态，准备进入到运动时紧张的肌肉活动状态。

热身运动最好从慢跑开始，再针对跑步过程中参与运动的身体部位进行系统的拉伸练习。拉伸时要缓慢，避免突然用力，被拉伸的那部分肌肉一定不要用力。拉伸之后，应该做一些一般性的准备活动，如轻微的原地跑跳、蹲起等，既能调动内脏器官，又能让全身关节得到预热。

跑步者的热身活动的时间不需要太长，以 10～20 分钟为宜。夏天体温较高，可缩短慢跑时间或直接省去慢跑环节。冬天用 5～10 分钟慢跑提高体温，可以舒缓僵硬的肌肉，促进血液循环，以达到身体发热的效果为宜。

跑步者做拉伸练习时，应该针对跑步中的运动部位进行"动力伸拉"。这些动作也可以在跑步结束后进行，用以放松肌肉，消除乳酸。

（1）拉伸肩部肌肉

①耸肩。肩放松下垂，然后尽可能上耸，停留，还原后重复。

②用一只手从身后侧抓住另一手臂肘部，用力拉肘，挺胸，展肩，夹背，然后放松，重复若干次，然后交换两手动作。

③双手手指在头顶交叉互握，掌心向上，向后伸展，保持一会儿。如下图。

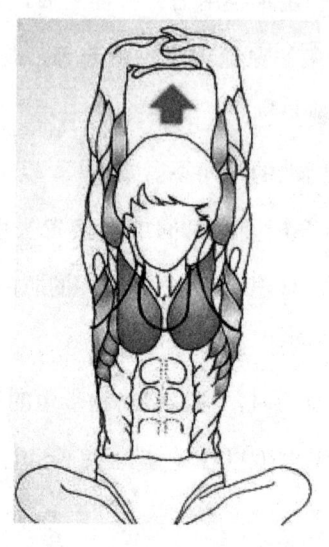

④一只手臂向上伸直,然后前臂向脑后弯曲,放松,用对侧手从脑后抓住其肘部,向其对侧缓慢拉动,保持一会儿,如下图。

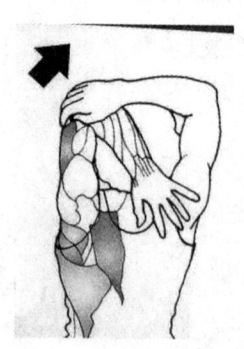

(2)拉伸腰部肌肉

体前屈伸。自然站立,两脚开立,与肩同宽。躯干缓慢前屈,两手下垂至脚尖,保持一会儿,然后复原。

(3)拉伸髋部肌肉

弓步压腿。两腿前后开立,与肩同宽,身体中心缓慢下压至肌肉紧张,然后放松还原。躯干始终保持直立。

(4)拉伸大腿与膝部

左手扶墙或固定物,左脚站立,右手抓右脚背,右脚用力把右手尽量往后撑,撑到不能撑处坚持住一会儿,再往回收。做几次后,换位左手与左脚,如下图。

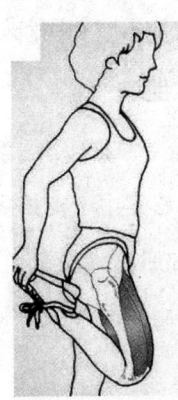

(5)拉伸大腿后部肌肉

坐在地上,把要拉伸的腿在体前伸直,弯曲另一条腿,整条腿的外侧贴近地面,与伸直的腿组成三角形,背部挺直,从胯部尽量向前屈，双手尽量抓住伸直腿的脚尖，动作缓慢，保持这个姿势适当时间。

(6) 拉伸大腿内侧肌肉

①坐姿，双脚脚底相互贴近，膝盖向外撑并尽量靠近地面，双手抓住双脚踝，保持这个姿势适当时间，放松，然后重复。

②坐姿，双脚在体前伸直并分开，保持背部和膝盖部挺直，从胯部向前屈体，双手从腿内侧去抓住双脚踝，保持这个姿势，感觉大腿内侧被拉紧，放松，然后重复。

(7) 拉伸小腿与跟腱

撑壁提踵。面向墙壁约1米左右站立，两臂前伸与肩同宽，手撑壁。提踵，再放下，感觉小腿和跟腱紧张。

(8) 拉伸小腿（后部）肌肉

俯身，用双臂和一条腿（伸直，脚尖着地）支撑身体，另一条腿屈于体前放松，身体重心集中于支撑脚的脚尖处，脚跟向后、向下用力，感觉到小腿后部肌肉被拉紧，保持紧张状态一会儿，放松，重复，然后换另一条腿做几次。

(9) 拉伸脚跟与脚趾

跪在地上，臀部靠近脚跟，上体保持直立，慢慢向下给踝关节压力直到趾伸肌与脚前掌感到足够拉力，然后抬臀后重复。动作要有节奏，缓慢。

跑步前拉伸示意图

以上拉伸动作，有的部位有几个拉伸动作都可以锻炼到，不必每个动作都做，只做一种自己感觉最有效的动作就可以了。

高效的热身活动，要求用最短的时间做最有效的热身动作。热身时应遵循以下几个原则：

①为了让肌肉达到理想温度，热身活动应当至少持续10分钟，夏季气温高可以稍微缩短时间。

②热身活动不足会使心血管系统刺激不充分，但过多也会增加疲劳，尽量要达到最大心率的 70%～80%。

③超过 60 分钟的比赛或练习，在开始前 10～15 分钟暂停热身，补充大概 300 毫升运动饮料，饮料中的碳水化合物可以让肌糖原开始下降时还能保持配速。

④如果慢跑热身时感到肌肉紧张，应停下来，拉伸一下紧张的部位（拉伸时间不能算到热身的 10 分钟时间里）。"慢跑 — 拉伸 — 慢跑"的结合可以在很大程度上改善肌肉柔韧性。

⑤热身后，以比赛配速做一些 50～100 米的冲刺，这些冲刺可以激发神经系统，激活身体协调性和效率。

⑥在炎热潮湿的日子，热身要限制在 10 分钟以内，要注意防暑，减少身体过热的危险。

⑦强度不高的训练，可以不必进行热身。因为在训练中逐渐提高速度，也能够起到热身的效果。

⑧比赛前热身的注意事项：热身后休息不能超过 30 秒。热身后休息时间太长会让心率降低，等同于没有热身，从而导致输送到腿部肌肉的氧气减少。热身应该持续到发令枪响之前，即使只是在起跑区域中慢跑也可以保持热身效果。

如果在跑道旁有供攀爬用的多层铁爬杆，可利用爬杆来做拉伸运动，也会收到事半功倍的热身效果。

2. 用标准动作跑步

跑步虽然简单，但并不是没有技术含量。从大的方面讲，它也是一门专业的体育学科，涉及诸多学科知识，如运动学、运动生理学、运动医学、营养学等等，作为业余跑步者没有必要也没有时间去重新学习一门学科的系统知识，但了解一些相关常识还是有必要的。

一般来讲，跑步者需要知道的是：跑步的正确动作和跑前热身；了解自己的呼吸和心率状态；知道一些营养常识和养成避免损伤的安全训练意识。如果要参加比赛，还要懂得有计划的跑步和训练方法。

跑步动作、跑前热身、呼吸、心率、营养、损伤、恢复、训练方法和计划，了解这九个方面的内容，初学跑步者可以更快地掌握正确的跑步方法，少走弯路，在较短的时间内提升自己的运动能力。已经在路上的跑步者，则可以用这些内容对照自己的跑步习惯，纠正错误的跑步方法和跑步理念。

跑步动作最大的要求是轻松协调，目的是在跑步过程中节省能量，以跑得更远、更快。

要达到轻松协调、节省体能的目的，跑步动作必须正确、简省、有效，用最少的肌肉参与做功，发挥最大的功效。

简单地说,跑步就是通过两腿交替蹬地的循环动作,向地面施加作用力,并依靠从地面获得的反作用力推动人体前进。在这个过程中,发挥最大作用的就是蹬地动作,这也是跑步过程中消耗能量最大的动作,其余动作则是辅助蹬地动作完成。因此,消耗于对抗空气阻力和协调身体其他部分动作的能量越少,跑步动作的效能就越大。

跑步动作包括腿部动作、手部动作。跑步的时候上身保持正直或稍前倾,头部自然平视,面部和颈部肌肉放松。

(1)手部动作

①双手手指呈轻松握拳状,拳心虚空,不必握紧。

②肘关节以肩为轴,前后自然摆动,肘关节弯曲角度以自然、习惯为准。为降低能量消耗,摆臂过程中,肘关节角度基本保持

不变。

③摆臂时,肩膀保持平正,不起伏,不前后摇晃,双肘贴近身体两侧,不外张。

慢跑示意图

(2) 腿部动作

①摆动、支撑和后蹬

a. 摆动腿前摆时，小腿放松，自然下垂；随着跑步距离的增长，大腿抬起的高度相应降低，这样可以省力，适应长时间奔跑。

b. 同时，支撑腿依次伸展髋关节、膝关节和踝关节，最后通过前脚掌、脚趾蹬离地面。

关键跑姿　　落下　　提膝　　蹬离　　上拉

女性跑步时的腿部动作

c. 后蹬结束，支撑腿接近伸直或完全伸直，摆动腿的小腿在空中与支撑腿几乎平行。

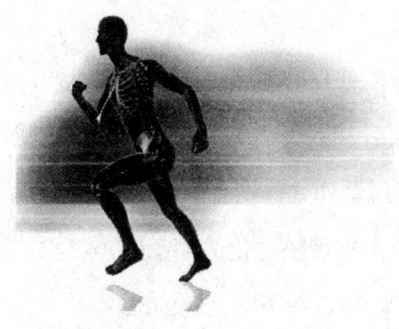

男性跑步时的蹬腿示意图

②腾空

a. 支撑腿的小腿在空中快速向大腿靠拢，折叠，前摆。

b. 同时，摆动腿以髋关节为轴，积极下压，膝关节放松，小腿自然向下伸展，准备着地。

脚的腾空示意图

③脚的着地

摆动腿在身体重心投影点至投影点前一脚长的地方着地。

摆动腿着地后,迅速弯曲缓冲,成为支撑腿,重复前一个支撑腿的支撑、后蹬动作。

同时,前一个支撑腿转化成摆动腿,以大、小腿折叠的姿势迅速向前摆动,重复前一个摆动腿的动作。

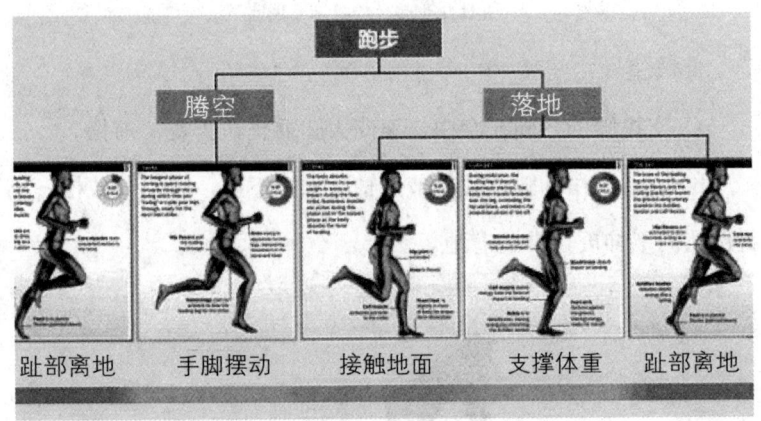

三种着地的情况

脚的着地问题存在的争议主要是:是前脚掌先着地还是脚后跟先着地。国外有人研究了众多马拉松优秀选手参赛时的跑步图片,发现大多数选手采取脚后跟先着地的技术,只有少数选手是前脚掌先着地。这两种技术很难说优劣。还有人认为较合理的着地方法是脚外侧先着地,然后过渡到全脚掌。其实采取哪一种着地方法，主要看跑步者的个人习惯。

相对来说，前脚掌着地、脚后跟不接触地面的方法，因为小腿一直处于紧张状态，动作难度比较大。而跑步距离的增长，会让速度相应变慢，脚着地部位会移向脚后跟方向。对于长距离跑步者，一般宜采用脚后跟先着地的方法。

最好的做法是不拘泥于哪一种着地方法，在平常训练中熟悉掌握几种着地方法，以便长跑中可以交替使用，让不同部位的肌肉有机会得到放松，避免损伤。

3．三个阶段的动作要领

有人把跑步动作分为三个阶段：支撑阶段、蹬地阶段、恢复阶段。

支撑阶段指从脚着地开始，直到跑步者身体重心移过着地点之前。蹬地阶段是指跑步者身体重心移过着地点之后，蹬离地面为止。恢复阶段指跑步者脚部蹬离地面后，前摆至下一次着地前。

蹬地阶段腿部用力最大，肌肉最为紧张，身体消耗能量最大。支撑阶段次之，恢复阶段是肌肉处于放松的阶段。

跑步的过程就是肌肉紧张和放松循环的过程。在蹬地阶段，让肌肉紧张用力，使动作发挥最大效能；在恢复阶段，则使肌肉得到放松,为下一次的紧张发力做准备。

三个阶段的动作要领如下:

蹬地时,跑步者应用力蹬伸髋、膝、踝关节,向下、向后用力把身体推离地面。蹬地时的初速度取决于髋、膝、踝关节的肌肉力量,力量越大,步幅越长。

恢复阶段,小腿应迅速向大腿靠拢,和大腿折叠前摆,腿部尽量贴近臀部,从而把腿的转动惯量降至最低和增加角速度,使腿可以更迅速地向前摆出。

支撑阶段,脚的着地方法是比较有争议的技术问题,而着地点的选择对体能的合理分配和步幅大小也有一定影响。脚跨步前踩的着地点应是身体重心的正下方(即身体重心的投影点)。

着地点如果离投影点较远,步幅会增大,但步频可能会相应地降低,体能消耗也会增加。提升了一个因素,如果有可能降低另外的因素,从整体上来是说得不偿失的。所以跑步距离越长,着地点应该离投影点越近,这样可以节省体能,最大限度地发挥跑步效能。

这里所说腿部动作的三个阶段是针对单条腿而言。两条腿在跑动时,除了腾空时同处于恢复阶段,其他时候,一条腿是支撑或蹬地阶段时,另一条腿一定处于恢复阶段。恢复阶段即是腿的摆动阶段,包括了前摆、腾空和着地过程。在一条腿的恢复(即摆动）阶段，另一条腿同时完成了恢复（摆动腿的着地动作）、支撑（缓冲）、后蹬和恢复（摆动腿的前摆动作）动作。掌握和理解三个阶段的腿部技术动作，可以让双腿合理地交替发力和放松。

4．规范动作可以提高速度

跑步速度的提高可以通过提高步频，或增大步幅，或同时提高步频增大步幅三种方法来实现。简单地说，速度的提高与步频、步幅相关。调整跑步动作可以使步频或步幅发生改变。

（1）提高步频的动作关键

①在支撑和蹬地阶段减少脚掌触地时间。

②在恢复阶段要避免空中跳跃动作，缩短腾空时间。

（2）提高步幅的动作关键

①蹬地时，后蹬力量越大，步幅越长。

②恢复阶段，腿部动作伸展到位，大、小腿折叠动作明显，步幅越长。

③脚着地点离身体重心投影点越远，步幅越大。

步幅之所以变短，主要是髋和膝等关节的活动幅度下降所致。膝关节在跑步时的活动幅度自35岁至90岁减少了33%（从123

度下降至 95 度),这使得膝关节在腿向前摆动时折叠不足,脚与髋关节的距离变远,力矩增大,影响了前摆的速度,也就影响了另一条腿及时用力,把身体前送的速度。

此外,髋关节在跑步时的活动幅度比膝关节下降得还要厉害,自 35 岁至 90 岁减少了 38%,这些都影响了步幅。因此,保持髋、膝关节及四头肌(大腿前方的肌肉)的良好柔软度,是 35 岁以上跑步者维持步幅(也就是速度)的关键。

通过步幅增大来提高速度,会降低步频,对腿部的综合功能要求相应提高,进而会引起腿部运动损伤,所以需要循序渐进地提高。

国外研究发现,随着年龄的增加,步频的下降并不明显(80 岁与 35 岁的步频相差只不过是 4%～5%);反观另一方面,90 岁选手的步幅却比 35 岁至 39 岁选手的步幅下降了 40%(由每步 2.36 米缩短至 1.42 米)。所以,对于 35 岁以上的跑步者来说,通过提高步频来提高跑步速度比较安全,也比较容易长久地保持速度的稳定。

5. 跑步训练的主要方法

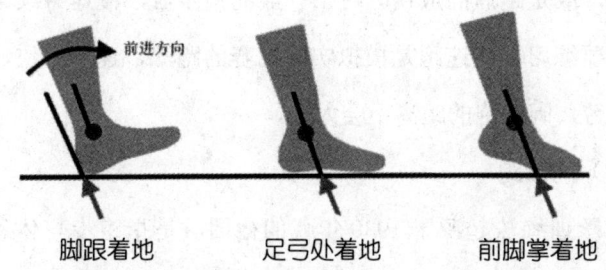

脚跟着地　　　　足弓处着地　　　　前脚掌着地

跑步训练主要是要提高跑步者身体无氧代谢和有氧代谢的能力。跑步时最高心率提升到 90% 以上的，是属于无氧代谢能力的锻炼；最高心率在 80% 左右的，则属于提高有氧代谢能力的训练。跑步距离越长，有氧代谢的能力越重要，越要侧重于有氧代谢能力的训练。

跑步的训练方法主要有：持续跑、间歇跑、重复跑、法特莱克跑（Fartlek）、金字塔跑和乳酸门槛跑等。

（1）持续跑

持续跑以心率的 85% 为界，提升至 85%～95% 的为快速持续跑，85%～80% 的为慢速持续跑。慢速持续跑在训练中一般要跑训练项目的 2 至 5 倍距离。比如你要提高 3000 米的速度，进行慢速持续跑时，就要跑 6000 米以上的距离。训练项目的距离越长，

训练时要跑的距离倍数越少,但至少也要达到2倍的距离。

在专业训练中慢速跑主要是作为基础训练或在快速持续跑前的练习,或是跑后的放松。对于一般的跑步者,慢速持续跑就是一次主要练习。快速跑是模拟实际比赛的跑法,速度较快,比较容易疲劳,因而跑的距离不会太长。

(2) 间歇跑

间歇训练法起源于1930年代的德国,是指跑步与休息交替进行的练习。根据训练目标不同,跑步的距离和休息时间也会不同。休息时一般为慢跑或走的积极休息,较少停下。跑步时的强度一般比持续跑要大,速度也要快。间歇跑可以让跑步者以比赛的速度多次进行跑步练习,提高训练的质量。

在马拉松训练中,长间歇(800、1600或更长)一般比短间歇(200和400)更好,在距离上甚至可以用接近比赛的速度,作3~5公里的间歇跑。

Yasso 800跑法,也就是800米间歇跑。《跑者世界》(Runner's World)杂志社的Yasso提倡的一种间歇跑法。他建议用和马拉松时间一样的数值跑800间歇,也就是说如果你马拉松跑3小时10分,就用3分10秒的时间跑800间歇,如果是3小时30分的成绩,就跑3分30秒的800间歇,依此类推。但是如果你只是能以3分30秒跑10×800,并不能保证你能用3小时30分跑完马拉松，而只是意味着如果你能跑到 3 小时 30 分，那么你就能没有太大压力地完成这样的练习。

（3）重复跑

重复跑时的距离比间歇跑要长，跑步练习之间的休息恢复以心率下降至每分钟 120 次以下为准。一般用来模拟比赛情况，体验比赛压力。当重复跑的跑步距离为训练项目的一半时，速度要和比赛时相近或更快；当重复跑的距离为训练项目的四分之三时，速度可稍慢于比赛时的速度，累积距离都要达到训练项目距离的 1.5 倍到 2 倍。

（4）法特莱克跑

法特莱克 Fartlek 是瑞典语"速度游戏"的意思，指在田径场外的道路上进行的，快速跑和慢速跑交替进行的跑步练习，也可以被看做是没有规定速度和休息时间的间歇跑。

这种跑法一般是先进行 10～20 分钟的热身，接着快跑 5 分钟，再恢复性慢跑 1～2 分钟，之后是 10×45 秒间歇跑，每跑完一次休息间歇为 20～30 秒，最后跑 10～15 分钟作为放松练习。在实际的练习中，跑步的距离和速度要根据跑步者当时的身体状况及跑步时的地形环境调整。

（5）金字塔跑

金字塔跑，有的人把它叫做沃尔克大循环，其实也算是间歇跑的一种，只是每次跑步和休息的时间不同。练习方法比如：100米快+100米慢+200米快+200米慢+300米快+300米慢+500米快+500米慢+300米快+300米慢+200米快+200米慢+100米快+100米慢。这样距离的练习安排，可以提高身体运动时的混合供氧能力。如果是练100米，一般只安排更短距离如30～60米的短冲，跑超出100米的距离跑会使爆发力丢失。对于练习长距离跑的跑步者，可以在上面的距离数字后加一个"0"，锻炼提高身体的有氧代谢能力。

或只计算时间不计距离，如按1-2-3-4-5-4-3-2-1的顺序来进行训练，快跑1分钟，间歇1分钟，以此类推。快跑时要尽力，应该是最大速度的85%～90%，间歇时可以采用放松跑的方式来休息。可以根据自己的身体状况以及训练水平，在跑步时间上增加或减少间歇的时间。

(6) 山坡跑

山坡跑可以增强股四头肌，提供跑步多样的训练方式，同时山坡跑比平路上跑对腿部造成的冲击要小。如果马拉松赛是山地赛道，最好选择用一些山坡反复跑代替部分间歇训练。山坡训练对速度的帮助与在跑道上练间歇类似。选择一段大概400米长的山坡，像跑场地400间歇一样尽力冲上去，然后折返慢跑下来，重复进行。如果计划要跑的马拉松赛下坡比上坡多，就要同时做一些下坡间歇跑，这能让肌肉适应吸收下坡跑时候的冲击力，但做太多会增加受伤的概率。

（7）乳酸门槛跑

跑步中肌肉产生的乳酸一部分氧化分解产生能量，另一部分在肝脏重新转变成糖原或葡萄糖，进入血液供给肌肉所需要的能量。刚开始跑步时，因为运动速度慢，乳酸产生很少，代谢的速度与产生的速度基本相当，血乳酸浓度基本不增加，随着速度提高，乳酸增加很快，乳酸代谢的速度小于产生的速度时，血乳酸浓度就会突然增加。这个突然增加乳酸的节点，就叫乳酸阈。出现这个节点时的速度，就是乳酸阈速度。

每个人的生理有差异，训练水平有高低，训练方法也不尽相同，乳酸阈也不一样。每个人不同的乳酸阈值被称作个体乳酸阈。训练水平高、方法科学的选手，其乳酸阈明显要高于其他人。反映在日常比赛中，虽然两个人的最高摄氧量差不多，但乳酸阈值高的人可以以较快的速度来完成比赛。

最大摄氧量反映人体在运动时所摄取的最大氧量，而乳酸阈则是反映人体有氧工作能力的又一个重要生理指标。最大摄氧量受遗传影响较大，难以经过训练提高，而乳酸阈较少受遗传因素影响，可通过训练提高。

个体乳酸阈强度，是发展有氧耐力训练的最佳强度。用个体乳酸阈强度进行耐力训练，既能使呼吸和循环系统达到较高水平，最大限度地利用有氧供能，同时又能在能量代谢中使无氧代谢的比例减少到最低限度，不至于在运动中造成速度的下降。

个体乳酸阈提高是有氧耐力提高的标志之一。经过训练后，个体乳酸阈提高，训练强度就要根据提高了的个体乳酸阈强度来确定。一般无训练者，以最大摄氧量的 50% 强度进行长时间运动时，血乳酸几乎不增加或略有上升。经过训练的跑步者，可在最大摄氧量 60%～70% 的强度运动，而乳酸不会增加；优秀运动员则可以达到 85% 的最大摄氧强度。

乳酸阈的训练方法：

①持续训练法

一般来说，首先要确定自己在最大摄氧量下的运动速度，这个可以采取 12 分钟的尽力跑，以跑过的距离来测定，换算成每公里或每圈（400 米）所需要的时间。然后每圈加上 8～10 秒，或每公里加上 20～30 秒，这个速度就是无氧阈速度。刚开始跑时可以慢些，按跑完 30 分钟左右速度不降为标准。心率可控制在 150～170 次/分之间。

②间歇训练法

训练乳酸阈的间歇训练法以长距离为主，最少距离 1600 米，一般以 1600～3000 米的距离比较好。速度要比持续训练法有所提高，每圈增加3秒或每公里增加8秒。次数最少3次，最多可达6或8次，组间主要采用积极性间歇，在心率恢复到20次/10秒时开始下一组。要求跑完最后一组时速度没有下降。

乳酸阈还有一个心率指标，大概是用无氧阈速度跑30分钟后测一下平均心率。跑马拉松时把心率控制在这个数值内可以达到最佳状态。

每一次奔跑都是生命的一次呐喊！

第二章 呼吸和心率

跑步者说　　　　　　跑步者说

1. 跑步呼吸的方法

许多人对跑步望而止步是因为害怕跑步时喘不过来气的感觉，这就涉及跑步中的呼吸问题。初跑者最早遇到的就是呼吸的问题。呼吸问题解决了，初学者的跑步问题就解决了一大半。

呼吸的基本原则是：尽量用鼻子呼吸，在出现"极点"、感觉呼吸不过来时，可口鼻并用，大口呼吸，这时不必考虑呼吸节奏，感觉怎么舒服就怎么呼吸。在自己挺过"极点"，呼吸相对平稳后，再调整呼吸节奏。

呼吸方法：跑步时，一般采用三步一呼，三步一吸的方法，即呼或吸一口气分三次呼出或吸入，同时迈出三步。鼻子的呼吸动作为：呼—呼—呼，吸—吸—吸。速度快时为两步一呼，两步一吸，或一步一呼，一步一吸。

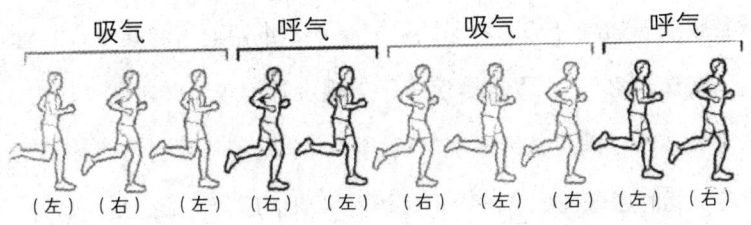

跑步时的一种呼吸方式

呼吸与动作的配合：初跑者呼吸与动作往往不一致，跑步时过于注意呼吸，容易导致呼吸僵化，最终造成憋气胸闷而跑不下去。

培养呼吸节奏，可在站立时，做摆臂动作配合呼吸的练习，如果是三步一呼或三步一吸，就呼一口气配合摆臂三次，或吸一口气配合摆臂三次。两次一呼或两次一吸的摆臂动作，也以此类推。一般做几次连续动作后，即可熟练地进行摆臂与呼吸的配合，这时再通过手臂动作控制跑步中的腿部动作，呼吸就可以和整个跑步动作配合一致了。

呼吸与步伐相配合，这样就形成了节奏。呼吸是掌握跑步节奏以及节省体力、提高成绩的关键。只有懂得用呼吸自如地控制跑步节奏，跑步者才能更多地感受到跑步的乐趣。

跑步的不同阶段对呼吸的要求不同。跑步刚开始，或速度较慢时，需氧量小，仅用鼻子呼吸就可以满足需氧量。如果气温较低或顶风跑步，更要用鼻呼吸，这样进入肺部的气体能被鼻毛和鼻黏膜加温加湿，从而避免因吸入尘埃、细菌而引起咳嗽、气管炎、腹痛（岔气）、胃寒等疾病。当跑步时间较长或速度变快时，鼻呼吸就难以满足机体对氧气的需要，只用鼻呼吸容易使呼吸肌疲劳，此时应张嘴配合呼吸，缓解呼吸肌的压力，最好是口微开，轻咬牙，舌尖卷起，轻抵住上颚，让空气从牙缝中进出。呼吸时，要注意做到均匀而有节奏，呼气要短促有力，吸气要缓慢均匀，有适当深度。

跑步时如果不注意呼吸深度，在经过长时间的运动后，就会呼吸急促，从而产生胸闷、呼吸困难的感觉。深度呼吸的关键是加大"呼"气深度。

呼得越多，吸得也越多。只有呼得多了，才能排放更多的废气，增大肺中负压，从而使吸气更省力，吸气量增加，最大限度地满足机体对氧气的需要。

2. 跑步中的三个呼吸现象

（1）"极点"和"第二次呼吸"现象

由于支配运动器官的神经和支配内脏器官的神经兴奋不同步，往往导致跑步后身体出现缺氧状况，跑步者会感到心慌、气短、胸闷、恶心、头晕，四肢无力，不想继续跑步，这种现象在运动生理学上叫做"极点"(也有人称之为"撞墙")。

"极点"出现时,只要坚持跑下去,适当减慢跑步的速度和有意识加深呼吸,让身体吸进较多的气体,"极点"的难受感觉就会消失。随之而来的是呼吸正常,全身轻快,动作协调,四肢有力。这标志着"极点"难关被突破,身体运动能力在逐渐提高,运动生理学上称这种现象为"第二次呼吸"。

"极点"和"第二次呼吸"出现的早晚,与身体素质、训练水平、运动强度、运动时的呼吸以及运动前的准备活动有关。

(2) 岔气

"岔气"又称急性胸肋痛,医学上称之为"呼吸肌痉挛"。造成"岔气"的原因,是准备活动不足或未做准备活动就进行剧烈运动。剧烈活动时肌肉进入紧张状态,而内脏器官惰性大,不能马上活动起来满足肌肉活动时所需要的养料和氧气,使呼吸肌因紧张而痉挛,或在身体运动加剧需氧量加大时,呼吸不得法,只是加快呼吸频率而呼吸较浅,也会使呼吸肌因连续过急收缩而导致痉挛。另外,因为长期没有运动突然参与体育活动、天气寒冷或者因大量出汗而使体内氯化钠含量过低时,也会发生"岔气"。

"岔气"时,呼吸肌痉挛,刺激呼吸肌里的感受器,产生疼痛。人体最主要的呼吸肌是肋间肌和膈肌,当肋间肌痉挛时,胸部两侧就会发痛;当膈肌痉挛时,疼痛会发生在左右肋下。

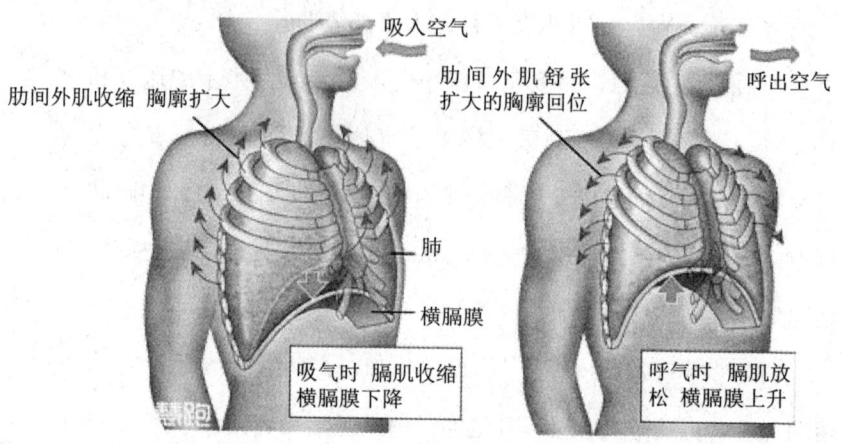

跑步时岔气的原因

预防和对付"岔气"的方法如下：

①运动之前做好热身，特别是要做深呼吸让呼吸肌"热身"，使呼吸肌逐渐适应较快频率的收缩，不致引起痉挛。

②冬天运动尽量用鼻子呼吸，若用口呼吸时，动作上要做到"口微开，轻咬牙，舌尖卷起，轻抵住上颚，让空气从牙缝中进出"，防止冷空气刺激。

③尽量用深呼吸，呼气慢而深，用力向外呼气，这样可以吸进大量空气，满足身体对氧的需要，达到放松呼吸肌，消除疼痛的效果。

④用呼吸调整节奏，把呼吸与跑步节奏对应起来，做到两步一呼一吸或三步一呼一吸。

⑤如果还不能消除疼痛，可深呼吸憋气，用力扣打胸腔两侧或肋下疼痛处，然后缓慢深长呼吸气，重复几次可使呼吸肌逐渐放松，缓解痉挛。

"岔气"消除后，还可以继续进行体育活动，不会对身体造成什么损害及影响。

（3）最大摄氧量

最大摄氧量（VO2max）是指人体在进行有大肌肉群参加的长时间剧烈运动时，当心肺功能和肌肉利用氧的能力达到本人的极限水平量时，单位时间内（通常以每分钟为单位）所能摄取的氧量。摄氧量大有利于处理乳酸，减少体内乳酸堆积。

VO2max 是评定有氧代谢能力的最有效的指标，是长跑运动中一项重要的评价指标，VO2max 的增加与运动能力的提高和运动成绩的提高是一致的。

VO2max 的表示方法有绝对值和相对值两种。绝对值是指机体在单位时间内所能吸入的最大氧量，通常以 L/min（升/分钟）为单位；相对值则是按每千克体重计算的最大摄氧量，以 ml/kg/min（毫升/公斤/分钟）为单位。正常成年男子的最大摄氧量约为 3.0～3.5L/min，相对值为 50～55ml/kg/min；女子较男子略低，其绝对值为 2.0～2.5 L/min，相对值为 40～45 ml/kg/min。

12分钟跑成绩(米)	VO2max(毫升/公斤/分钟)	12分钟跑成绩(米)	VO2max(毫升/公斤/分钟)
1000	14.0	2500	45.9
1100	16.1	2600	48.0
1200	18.3	2700	50.1
1300	20.4	2800	52.3
1400	22.5	2900	54.4
1500	24.6	3000	56.5
1600	26.8	3100	58.5
1700	28.9	3200	60.8
1800	31.0	3300	62.9
1900	33.1	3400	65.0
2000	35.3	3500	67.1
2100	37.4	3600	69.3
2200	39.5	3700	71.4
2300	41.6	3800	73.5
2400	43.8	3900	75.6

3．跑步时心率的测定方法

心率是指单位时间内心脏搏动的次数。正常人的动脉脉搏频率与心跳频率是一致的。运动后心率测定一般采用10秒钟心率数乘以6的计算方法。这主要是运动后心率恢复较快，延长运动后测定时间，所测得的心率数就不能反映真正的心率数了。

心率是预测男子寿命的有效指标。人一生总心跳次数约为25亿次至30亿次，如果静息心率（指在清醒、不活动的安静状态下，每分钟心跳的次数）在60次左右，其寿命可达93岁。因此静息心率偏慢的人寿命会延长，相反，静息心率大于 80 次的人寿命则短。大量临床研究也证实，静息心率偏快的人，发生各种心血管疾病的危险明显增加，死亡率也高。

有人专门研究了老年人心率与寿命的关系。他们选择身体健康、无心血管病危险的老人，年龄在 65～70 岁，其中男性 1407 人，女性 1134 人，长期跟踪随访。结果发现，在男性中，心率大于 80 次 / 分比心率小于 60 次 / 分，活到 85 岁的比率下降了近一半。心率是预测男性长寿的有效指标，但在女性中无明显差异。

跑步能够使静息心率偏慢（运动时心率加快，但运动使心脏功能得到锻炼，从而使静息心率减慢）。静息心率在 50～65 次（睡眠中的心跳次数可以为 38～50 次 / 分）是健康心脏的标志，也是长寿的标志。

要使心率放缓，除了运动外，还要保持适当体重以及戒烟、限酒。

心率的测定在运动训练中有着非常重要的意义，对于一般的跑步者，主要是反映其跑步时的运动强度、训练程度、跑步后的恢复程度以及对马拉松跑进行科学配速等。

跑步者首先要知道自己的最高心率和基础心率（即静息心率）。

(1) 最高心率的测定

最高心率的粗略计算方法是：220- 年龄 = 最高心率。这种算法过于笼统，一般不采用。比较准确的方法是在剧烈运动后测定 10 秒内的心率，再乘以 6，即为最高心率。这里的剧烈运动指在一段距离的跑步后用尽全力的冲刺，比如跑 1200 米，前面保持住速度，越往后越快，最后 200 米尽最大力气冲刺，跑到终点后马上测 10 秒内的脉搏，或用心率表测，就可以得出最高心率。或者全力跑三组 800 米，组间慢跑 300 米，最后一组全力冲刺，结束时的心率就是最大心率。

(2) 基础心率的测定

基础心率可以测早晨醒来时的脉搏，也测 10 秒再乘以 6。最好连测几天，取平均数。但要注意不能在训练强度大或者身体很累的第二天测，这样测出的心率数据会比基础心率高。

跑步者在心率最高时，摄氧量基本上也达到最大。在最高心率与基础心率之间，速度和心率呈完全的线性关系。最高心率对应最大摄氧量（VO2max）的速度，根据上一章"呼吸"介绍的最大摄氧量知识，我们可以用 12 分钟全速跑测定自己的最大摄氧量速度：

12 分钟全速跑距离 ÷12= 最大摄氧量速度

这个速度也是最高心率对应的最高速度。

知道了自己的最高心率、基础心率和最大摄氧量（VO2max）速度（也就是最高速度），跑步者就可以通过三者的关系来测定自己的运动强度、跑步是否适量以及对马拉松跑进行科学配速。

(3) 测定运动强度

（实际心率－基础心率）÷（最高心率－基础心率）＝运动强度

当实际心率为最高心率时，比值为1，运动强度达到最大。一般来说，达到最高心率的85%～100%即为无氧运动，属于运动心率的高强度区，仅适用于提高运动成绩的运动员。

4．配速与心率控制

运动量适当的长跑后，跑步者应当感到全身舒畅，精神旺盛，体力充沛，睡眠良好，食欲增加，四肢有力。如果跑步后感到十分劳累，第二天早晨醒来，疲劳感仍未消失，并伴随出现心慌、头晕、四肢无力、恶心、食欲不振、睡眠不好等症状，更有甚者，对长跑产生厌恶，不想继续跑步，那就是运动过量了，需要休息，并在下次运动时减少运动量。

身体是否出现透支，除了在跑步后对照上面的感觉，还可以用测量心率的方法，科学地判断长跑的运动量是否合适。

第一种方法：跑完后立即测量 10 秒钟脉搏次数。

一般来说，脉搏次数在 24～28 次 /10 秒（合每分钟 140～170 次）或最高心率的 75%～95% 较合适。如超过 30 次 /10 秒（即每分钟超过 180 次）或 95% 以上，表示运动量有些大，应适当减少；如在 22 次 /10 秒以下，表示运动量有些小，应适当加大运动量；但体弱者的脉搏次数应适当低些，即运动量要适当小些。

第二种方法：在第二天早晨起床时测量基础心率（即安静脉搏）。

在正常情况下，通过长跑的锻炼，心脏机能增强，基础心率应是逐渐减少的，如相反，心率次数增多，说明运动量大。若是每分钟心率次数超过前一天心率次数的 5 次以上，说明运动量太大，应适当减少运动量。

（1）用心率指导训练和比赛配速

以一个跑步者最高心率 194、最大摄氧量速度 15.0 为例，计算他的训练配速如下：

慢跑，70%，心率 136，对应速度 10.5；Tempo 跑（乳酸门槛跑），85%，心率 165，对应速度 12.8；400 米间歇，95%，心率 184（三四组之后），对应速度 14.3。

对于比赛配速的换算，可参考以下比赛心率：

全程马拉松：80%～85%最大心率；

半程马拉松：85%～88%最大心率；

10公里跑：92%～94%最大心率；

5公里跑：95%～97%最大心率。

如果用最大心率的最小值换算，这个跑步者的运动强度为：

全马	半马	10公里	5公里
80%	85%	92%	95%

测算比赛速度km/h：

全马	半马	10公里	5公里
12	12.75	13.8	14.25

成绩预测：

全马	半马	10公里	5公里
3′30″	1′39″	43′30″	21′03″

一段时间训练后，如果最大摄氧量（VO2max）速度提高了，就要重新计算以上配速表。

不同心率阶段的运动指标

区域	最大心率（%）	运动出力状态	效果	脂肪和糖分消耗
1	50～60	1. 放松的简单慢跑 2. 有规律的呼吸	1. 初级阶段的有氧训练 2. 可减轻压力	1. 脂肪消耗小 2. 糖消耗小

（续表）

2	60～70	1. 舒服的速度 2. 有点加深的呼吸 3. 可以说话	1. 心血管健康的基本训练 2. 耐力训练 3. 体重控制心率训练	1. 脂肪消耗最大 2. 糖消耗一般
3	70～80	1. 中等速度 2. 说话有些困难	1. 提高有氧运动能力 2 耐力训练 3. 理想的心血管健康训练 4. 万米练习	1. 脂肪消耗一般 2. 糖消耗大
4	80～90	1. 很快的速度 2. 一些不舒服 3. 用力呼吸	1. 提高无氧运动能力和极限 2. 提高速度 3.400 米速度训练	1. 脂肪消耗很小 2. 糖消耗较大
5	90～100	1. 冲刺 2. 不能长时间坚持 3. 费力的呼吸	1. 提高无氧运动能力和肌肉的耐受能力 2. 提高力量	1. 基本无脂肪消耗 2. 糖消耗大

第三章

损伤与恢复

跑步者说　　　　　　跑步者说

1. 运动后的一般恢复

在运动结束之后，人体各器官的机能仍处于一个较高的水平，必须经过一段时间之后，才能逐渐恢复到运动前的状态，这段时间的机能变化被称为恢复过程。

跑步后的恢复对于消除身体疲劳，防止运动损伤，提高运动成绩和继续第二天的跑步锻炼有非常重要的作用。恢复对专业运动员更为重要，专业运动员高强度训练和参加比赛的频率高，能否快速恢复已成为他们提高运动成绩的关键。

恢复的过程常常被当作是休息，但休息只是一种被动的恢复方式，恢复还包括积极拉伸、按摩、物理治疗和营养补充等主动的恢复方式。国外用在专业运动员身上的先进恢复手段，还包括在比赛期间穿专用的渐进压缩式紧身服，训练期间入住低压低氧的特制房间等。

对于一般的跑步者，长时间跑步后的恢复应包括放松、拉伸、按摩、心理恢复和营养补充等。

（1）放松

长时间跑步后突然停止，会影响静脉血回流，使血压降低，大量血液集中在腿部，引起大脑的不良反应。因此，跑步后应做整理运动，整理运动被称为积极的休息方式，包括慢跑、各种关节活动操以及各肌群的伸展练习。它对消除疲劳，促进体力的恢复作用很大。整理运动一般应包括深呼吸运动及比较缓和的运动，量不可过大，要使肌肉主动放松，使身体逐步恢复到安静状态。

剧烈跑步后进行慢跑，可使心脑血管系统、呼吸系统仍保持在较高运转水平，有利于肌肉中的代谢产物——乳酸的排除。做关节操和伸展练习可以使紧张的肌肉放松，改善肌肉血液循环，减轻肌肉的酸痛和僵硬程度，消除局部疲劳，对预防运动损伤也有良好作用。运动医学认为，肌肉拉伤的原因主要有两点：一是在完成动作时，肌肉主动猛烈地收缩超过了自身的负担能力；二是由于突然被动的过度拉长，超过了肌肉的伸展极限。而放松活动对肌肉拉伤具有一定的预防作用。在训练之后身体许多部位的肌肉还会继续处于高度紧张状态，如果不及时减压，很容易导致肌肉过度疲劳，影响肌肉以后的正常运动。因此，科学的放松活动和准备活动一样，能有效预防肌肉拉伤。

推荐几种放松方法：

①上肢放松运动

身体站立，双腿自然叉开的同时微微弯腰，使上肢自然前倾下垂，双肩双臂反复抖动大约1分钟，至双臂发热为止。抖动的同时，可以活动一下手腕和手指，效果更佳。

②下肢放松运动

使身体呈仰卧姿势，向上举起双腿，同时用双手拍打、按摩双腿，脚尖稍稍用力颤动大腿和小腿，顺带颤动臀、腹、腰部等。

③团身抱膝运动

保持身体呈下蹲姿势，用双手环抱膝盖，同时尽量低头（以下巴靠到前胸为佳）再抬起，大约做20～30次。

全身休整运动：双膝弯曲，上身向前倾使双手扶地，此时充分运用气息，深吸气于胸，然后气沉丹田。如此反复几次，然后上身慢慢抬起，直立，直至脉搏恢复正常值。

（2）拉伸

拉伸也属于跑步后放松的一种方式。这里推荐静力性拉伸放松法。

静力性拉伸放松是由静止开始，缓慢地将所要放松的身体部位的肌肉韧带拉长，达到一定程度后静止不动，并保持此拉长状态一段时间。跑步结束后，跑步者进行拉伸练习，可以使僵硬疲劳的肌肉得到放松,促进血液循环,并调节紧张的心理。对跑步者来说,做拉伸放松练习,主要包括肩、臂、背、椎、腰、膝、踝等部位的肌肉和韧带的拉长伸展,重点拉伸放松腰大肌、大腿前后群、内外侧肌肉和小腿肌肉等。

可以参照做"跑前热身"的拉伸动作

(3) 按摩

按摩是消除疲劳的常用手段,按摩不但能促进大脑皮层兴奋与抑制的转换,使神经调节功能恢复正常,还能促进血液循环,加强局部血液供应,消除疲劳。

按摩分为全身按摩和局部按摩,全身按摩应在训练后 2.5～3 小时进行。跑步者先是俯卧在垫子上,调节呼吸,排除杂念,全身放松,接着由别人对其进行按摩放松。按摩身体部位的顺序是肩、背、腰、大腿、小腿等后部肌肉韧带,重点按摩腰和大腿的肌肉、韧带。然后跑步者仰卧在垫子上,全身放松,大脑默想"放松、放松……"并对大腿前群肌肉、韧带进行放松。最后,点按其"合谷""足三里""肾俞"三穴,每穴点按 30～60 秒钟,结束全身按摩。

1. 脚掌:用大拇指轻轻按脚掌,力道要适中,不要太用力了。

2. 脚背:用手帮助脚趾弯曲,这样可以伸展足背部的肌肉。

3. 脚趾:将手指插入脚趾的趾缝间,充分伸展脚趾。

4. 小腿肚:用手抓住小腿肚,由上至下轻轻按摩、揉捏,帮助紧张的小腿肌肉放松。

5. 大腿前侧:用手掌轻轻按压、揉搓大腿前侧肌肉,帮助血液循环。

6. 大腿后侧:双手交握,夹住大腿后侧,用手掌的拇指球轻轻按摩大腿后侧肌肉。

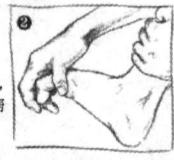
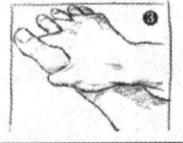
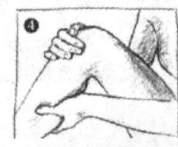
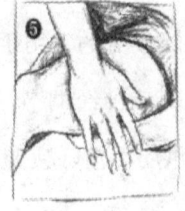

7. 肩膀：右手弯曲抓住肩膀部。将手指放在感到紧绷的肩部，用手指轻轻按压，揉捏。左手辅助右手稳定，左右换边交替进行。

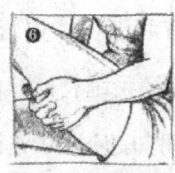

8. 腰部：双手握拳，轻轻敲打腰部周围，帮助腰肌放松。

9. 上手臂：用手掌握住上手臂，由上至下轻轻按压，揉摆上臂肌肉。

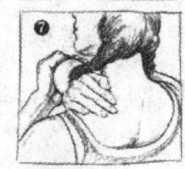

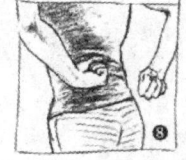

跑步后的按摩

局部按摩可在训练过程中或训练结束后进行，也称为运动后按摩，可视为整理运动的一部分，时间在 10～15 分钟，主要用于消除肌肉僵硬和局部疲劳。在运动时堆积在肌肉中的乳酸（无氧代谢产物）可以通过运动后按摩尽快地被转化或排出。运动后按摩一般应在运动后 20～30 分钟进行。按摩的顺序，开始可先做轻推摩，擦摩，揉捏，按压和叩打，同时配以局部抖动和被动活动，手法可随部位的不同而加以选择。运动后按摩可采用相互按摩或跑步者的自我按摩。

(4) 沐浴

温水浴（水温 30～40℃）可刺激血管扩张，促进新陈代谢

和血液循环，有利于机体内营养物质的运输和代谢物质的排出，对心脏活动和神经系统有镇静作用，可以加速疲劳的消除。

温水浴时间勿超过 20 分钟，以免加重疲劳。此外，要注意的是，运动后不宜即刻进行温水浴，而应休息 40 分钟以上，要等心率在每分钟 120 次以下，身体平静下来以后再沐浴。

2．运动后的深度恢复

（1）心理恢复

运动恢复不仅包括生理机能的恢复，还包括心理机能的恢复。心理学手段也是加快跑步后疲劳消除的重要途径之一。通常采用的心理手段有放松训练、呼吸调整、催眠暗示、心理调节、气功等，主要是通过诱导性的语言和自我暗示使肌肉得以放松，使神经、呼吸和循环系统的机能快速得到改善和恢复，从而使机体的疲劳尽快消除。

心理恢复就是让运动员从生理上和心理上都得到恢复，不仅可以使运动员消除肌肉紧张，恢复内脏功能，而且还能使运动员在精神上得到调节，心理上获得放松，最后产生运动训练后的愉悦感。

以下是专业运动员的心理恢复法，跑步者可作为参考：

让运动员仰卧在垫子上，全身放松，调整好呼吸，排除杂念，集中注意力，双目微闭，大脑默念："我现在很愉快，已经很好地完成了训练任务。我现在很安静，全身心得到了放松，也很舒服。我的大脑非常安静，内脏器官的功能得到了恢复。我全身心都非常放松，疲劳立刻就会消除，身心能量也会得到恢复。"

把注意力集中到腹部的丹田上，意守片刻，想象自己全身感到发热。有一股暖流从头顶"百会"穴进入大脑，这股暖流沿头顶往下走，所到之处身体就会感到发热。这时有三条放松途径：

第一条线（身体两侧）：从"百会"穴开始，沿头部两侧面 — 两耳 — 颈部两侧面 — 两肩 — 两上臂 — 两肘关节 — 两前臂 — 两手，意守中指的"中冲"穴；

第二条线（身体前面）：从"百会"穴开始，沿脸部前面 — 颈前部 — 胸部（心、肺）— 腹部（内脏的肝、脾、肾）— 两大腿前部 — 两膝关节 — 两小腿前部 — 两脚，意守大脚趾的"大敦"穴；

第三条线（身体后面）：从"百会"穴开始，沿头部后面 — 颈后部 — 背部 — 腰部 — 两大腿后部 — 两膝关节 — 两小腿后部 — 两跟腱 — 两脚底，意守"涌泉"穴。

（2）睡眠

良好而充足的睡眠是消除疲劳、恢复体力的最直接、最有效

的方法。人体在睡眠时,大脑皮层的绝大部分处于抑制状态,体内分解代谢处于最低水平,而合成代谢则相对活跃,这有利于体内能量的蓄积和各器官系统的全面恢复。在大运动量跑步练习后,睡眠时间应适当延长。

(3) 营养补充

合理营养是消除疲劳或预防疲劳的重要手段。跑步后,膳食方面应特别注意补充能量和维生素,尤其是糖、维生素C及B族维生素,应选吃富有营养和易于消化的食品,多吃新鲜蔬菜、水果,少吃油炸和加工食品。夏季出汗多时,应及时补充矿物质和水。另外,长跑活动后应适当多吃一些碱性食物,如海带、紫菜、各种新鲜蔬菜、水果、豆制品、乳类、含有丰富脂溶性维生素和铁的动物肝脏等,这些食物经过人体消化吸收后,可以迅速使血液酸度降低,中和平衡达到弱碱性,有利于消除疲劳。

训练后放松时也要注意补充水分。汗液中主要的电解质是钠和氯离子,还有少量的钾和钙。钠离子和氯离子流失会使身体无法适时调节体液与温度等生理变化,在训练后,最好选择饮用淡盐水或者运动饮料等,这样不但可以补充水分,里面含有的钠、钾、氯离子及葡萄糖等,还可以补充流失的电解质和盐分。另外,剧烈运动后忌喝冰水。

(4) 药物恢复

一些营养物品和中药材对消除疲劳、恢复体力有良好的作用。例如人参已被证明能增加脑力，延缓疲劳，提高工作能力，同时能降低胆固醇，促进铁的代谢和健肠胃，并能提高耐力；五味子、蜂蜜等也已被证明可加速消除疲劳。

从中医角度来看，运动员的疲劳是因为气血在运动中消耗过多引起的。为了尽快地消除疲劳，加速体内的新陈代谢，使运动员的体能恢复到原有的水平，除了必须补充适量的水和食物外，还必须补充气和血。一些以人参、当归、白术、枸杞子、茯苓、白芍、杜仲、大枣等为主要成分的中药汤剂，可以在短时间内消除运动员的身心疲劳。

(5) 吸氧

剧烈的运动或比赛后吸氧，对疲劳的消除作用明显。运动员在长跑、超长距离比赛后吸氧具有特殊的效果，有助于氧债的尽快消除。

3. 运动后的超量恢复

在运动后的恢复过程中，人体体内被消耗的能量物质（ATP、蛋白质、糖和无机盐等）不仅能恢复到运动前的原有水平，而且在一段时间内可出现超过原有水平的现象，称为超量恢复。

恢复过程可简要地分为三个阶段。

(1) 运动时的恢复阶段

运动时人体的能量消耗过程（分解过程）占优势，恢复过程（合成过程）也在进行，只是由于身体运动时间长、强度大，而消耗能量较多，身体各器官系统发挥最大的机能能力参与恢复（再合成），也满足不了消耗的需要，造成消耗多于恢复，体内的能量物质不断减少，身体活动的机能能力下降。

(2) 运动后的恢复阶段

运动停止后能量物质的消耗减弱，恢复过程就明显占优势，这时各种能源物质和各器官系统的机能能力逐渐恢复到原来（运动前）的水平。

(3) 超量恢复阶段

运动实践证明，人体运动后的能量物质和各器官系统的机能能力，在一段时间里可以超过原来的水平，维持一段时间后又回到原来水平。

一般来讲，在超量恢复阶段进行下一次锻炼或训练效果最好，运动成绩提高最快。因为在这个阶段体内能量物质最充足，机能水平也高，可以适当加大运动负荷，形成更高层次的超量恢复。下次运动时间过早或过晚都会影响运动效果。

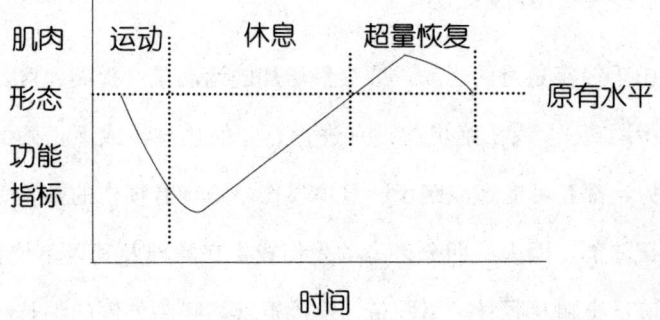

超量恢复示意图

在一定生理范围内，可以最大限度地提高人体机能和健康水平。运动负荷是施加于身体的一种综合刺激，根据刺激与反应的生物学原理，在一定的生理范围内，运动负荷越大，人体的机能反应越大，能量消耗也越多，引起的超量恢复也越明显，锻炼或训练效果就越好。所以，超量恢复是人体从事大运动负荷（极限负荷）的十分重要的生理学依据。

超量恢复并非是无原则的运动负荷越大就越明显。无论是哪种性质的身体运动都要在生理"极限"范围内进行大负荷练习，负荷过小，则练习无效果；负荷超生理"极限"，则可能伤害身体，影响健康。

4. 跑步中的慢性受伤

由于经年累月的运动，或突然增加的运动量（提高速度、延长跑步距离），或在跑步前没有进行充分的热身，或不正确的跑步姿势，都有可能造成跑步者身体损伤。跑步者损伤的部位大都出现在腿部，而大约四分之三的受伤发生在膝部及其以下位置：膝关节、小腿及胫骨、髂胫带（连接臀部和膝头外侧的细长结缔组织）、跟腱、脚。跑步速度与受伤位置的高度有关联，速度越快，受伤位置越高。这可能是因为跑步速度提高后，步长和腿部力量增加，腿部的发力点也相应提高。

专业运动员的受伤部位有可能偏高，如发生髋关节骨折，而业余跑步者的受伤部位大多在大腿以下。跑步者常见的跑步损伤按其发作的原因，可分为"慢性"运动受伤和"急性"运动受伤。

"慢性"运动受伤大都由于劳损，即过度使用身体某一部位造成。如肌肉的力量一般比骨骼的力量增长得快，在肌肉适应了训练量的一段时期，由于骨骼未能完全承受外来力量，这时如果未经一段时间的强化训练而突然增加训练量，就容易出现疲劳性骨折及其他劳损症状；还有的情况是，当小腿肌肉和大腿后肌因训练变得有力和结实时，四头肌和胫骨前后的肌肉会相对地变得衰弱，胫骨前面肌肉的力量不足，就降低了脚着地后缓冲撞击力的能力，导致小腿过早出现疲劳而损伤。跑步者如果在训练中不能循序渐进，而是贪多求快，不注重身体能力的协调发展，就极有可能造成"慢性"运动受伤。

这类损伤主要有膝关节内侧痛、膝盖骨腱炎、膝盖骨后痛、膝关节外侧痛、应力性骨折、跟腱炎、脚底筋膜炎等。

对于这类损伤的治疗，一般采用冰敷（72小时后，待肿胀得到控制，再用热敷）、使用消炎药、加强肌肉的力量或骨骼的承受能力、降低训练量、必要时停止跑步一段时间等办法。

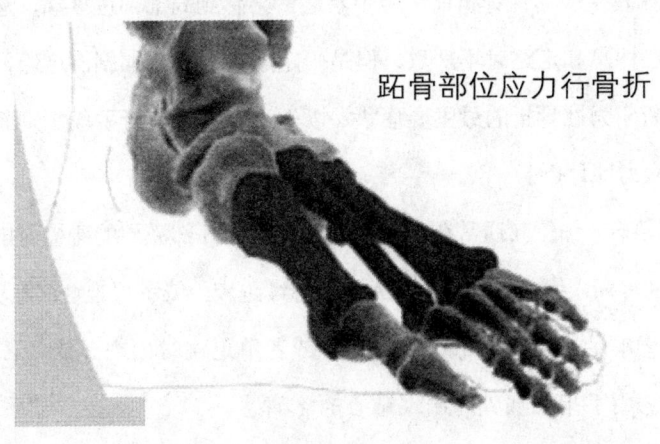

跖骨部位应力行骨折

所有跑步者均有可能发生的损伤：应力性骨折。应力性骨折是指由于内在或外在的微小创伤反复作用于骨骼，超过了骨组织的自身调节能力，最终造成完全或不完全骨折，又称为疲劳性骨折。

本来身体会通过骨骼的重新塑造而自行修补这些创伤，但如果修补的速度追不上创伤的速度，就有可能发展成应力性骨折。应力性骨折如果早期不能正确诊断和治疗，可能会造成运动员运动寿命的缩短。

跑步中胫骨是最容易发生骨折的部位，其他容易发生应力性骨折的部位按发生的频率高低排序依次是脚趾骨、腓骨、股骨、踝骨和耻骨。

在发生应力性骨折前，跑步者通常会感到局部部位疼痛，这种疼痛在休息和走路时不严重，但是一跑起步来就会加剧，这通常也是诊断应力性骨折的最主要症状。以下还有一些检查手段来判断是否有应力性骨折：

①某一部位（通常在下肢）没有受到过外部激烈的碰撞而出现突然性疼痛，而且这种疼痛使人不能继续跑步，或者很难继续跑步。

②单足站立时局部出现疼痛，或者单足跳时出现疼痛。

③用手指压痛处时出现钻心的疼痛感。

④疼痛点在完全停止跑步后一段时间内会自然消除。

治疗方法一般用冰敷（运动后，一日数次），情况更严重时可能要用夹板或石膏固定。

预防应力性骨折的发生，可以采用一些物理方法，如穿合适的震荡吸收鞋垫和运动鞋，避免突然更换跑道或鞋，训练期间确保足够的营养，限制运动量，避免过度训练等。

5．跑步中的急性受伤

"急性"运动受伤指跑步中出现的肌肉、肌腱、韧带等软组织拉伤或扭伤。软组织受伤会造成血液和体液聚积在受伤部位，形成肿胀。肿胀限制了关节的活动范围，一般会有疼痛的感觉。

治疗"急性"运动受伤，通常采用的是"保护""休息""冰敷""加压""抬高"五个方法。

"保护"就是保护受伤部位免受二次伤害。

"休息"就是要求锻炼者立即停止运动。

"冰敷"就是在伤处用湿毛巾包上冰块，在受伤后48小时内，每2～3小时冰敷20～30分钟，当受伤位置感到麻木时，立即移开冰袋，用绷带包扎并抬高伤处。冰敷可以缓解肿胀、疼痛及痉挛，但要注意冰敷的时间不要过长，长时间冰敷会发生冻伤。在使用冰敷三日后，如伤肿未能减轻，最好不要立即使用热敷。

"加压"就是通过压迫减轻局部伤害的肿胀以及内出血，常见于包扎时，用弹性绷带自伤处几寸之下开始往上包，以螺旋状重叠绷带，平均而且轻微施力缠绕，到伤处时用力减小。如果因为包扎产生疼痛、皮肤变色、麻痹、瘀紫等现象,则表明包扎过紧。避免肿胀应连续使用绷带包扎 18～24 小时。

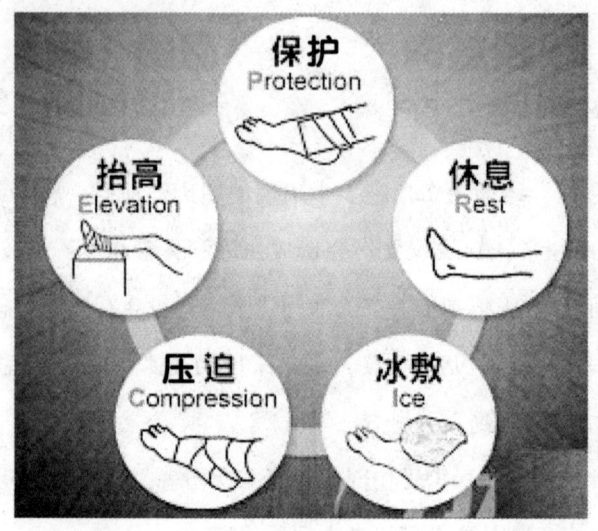

急性运动受伤处理的五个方法

"抬高"就是要降低受伤部位的血液及组织液积聚以减轻肿胀。适当的抬高方法是将受伤的部位抬得比心脏位置高一些,下肢受伤时,可以让患者躺下并将患肢包扎压迫、冰敷以及抬高伤部,这都是为了减少血液循环到受伤部位,从而避免肿胀。

对于以上两类损伤的治疗,也可按中医通则不痛、痛则不通的理论,内服外擦(敷)。

①内服云南白药胶囊、三七片、红药等活血止痛的药物。

②外用"活络油""红花油"等药涂抹,并进行按摩,先简单从痛点的周围开始,然后再集中按摩痛点,使其经脉通畅。

③外敷活血止痛膏。

④精神上放松,不要有思想负担。

经过以上处理,如果损伤处还不见好转,就要寻求医生的帮助了。

一般青草科(中医的一个门类)医生的青草药敷治比较有效。

除此之外,有的人在跑步过程还会出现"水泡"。和其他伤痛相比,这可以算是一种"皮外伤"。出现水泡大多是由鞋子不合脚或袜子厚度不一(如补过的袜子和穿破的袜子),脚在跑步过程中长时间摩擦所致。可用经过消毒的针刺破水泡,再以消毒药水清洗伤口,然后贴上创可贴。

6. 科学预防跑步引起的损伤

碎片化的知识远远不足以让你学会跑步并且避免受伤,你需要的是系统学习跑步的知识。首先请记住,跑步真的需要学习,而且要学习的很多。

菜鸟入门,要好好阅读一些有关跑步的著作,并挑选一本作为自己的范本,并据此制定适合自己的跑步计划,严格遵守这个训练计划，跑得越慢越好，三个月后你就能安全不受伤地长距离跑了。

很多跑步者都不知道循序渐进的道理，几年不运动，心血来潮或下定决心，上来就想跑几公里，然后再次有了气喘吁吁、精疲力竭的感觉，告诉自己要坚持，然后坚持几天就找借口不跑了。这种事我也干过，但是后来机缘巧合下才发现跑步原来根本不需要坚持，跑步原来可以很愉快。我之前也回答过类似问题，如大家都是怎么坚持运动的，累时在想什么。如果你平时没有运动的习惯，请从"走一分钟，跑一分钟，重复十次"这样的强度开始吧。

如果十三周后你发现自己已经中了跑毒，想做一个好的跑步者，那么你需要照着《跑步，该怎么跑》（作者尼可拉斯·罗曼诺夫博士）这本书系统练习跑姿，打造属于跑步者的身体和心理。"姿势跑法"起码练上半年才能见效果，且这本书足够你练上一辈子。我听到一个说法，70%的跑步者都受伤，如果你想做那30%的少数，好好读这本书，然后重点是实践它。

等到身体、心理和跑步技术都练出来，你就可以考虑跑马拉松了，《怎样跑马拉松》（作者约翰·汉弗莱和罗恩·霍尔曼）和《马拉松跑：从新手到世界冠军》（作者理查德·内鲁卡）上的训练计划和饮食指导绝对适合你。

简单地说，预防跑步引起的损伤你需要注意：

①跑步前要充分热身,让关节和韧带得到伸展。

②每周要有一两天的休息时间让身体得到恢复。

③高强度训练之后要有两天以上的低强度训练或休息,训练计划不能太紧密。

④定期对身体组织进行深度按摩,防止疲劳堆积,并尽可能发现潜在的伤痛部位。

⑤做拉伸练习也要适度,超出身体限度的拉伸动作也会带来损伤。

⑥不要太经常参加比赛,哪怕是10公里比赛,一般跑步者

一年最好不要参加超过两次的马拉松比赛。马拉松比赛前一个月内，不能进行 30 公里以上的长距离跑。

⑦跑步结束后要做放松运动，让身体安全、有序地回归平静状态。

第四章

营养

跑步者说　　　　　跑步者说

1. 每天需补充的六种营养

人体在日常生活和运动中都需要六大营养成分：糖（碳水化合物）、脂肪、蛋白质、维生素、矿物质和水。

（1）糖

糖是主要的运动能量来源。医学上所称的"糖"指碳水化合物，是由碳、氢和氧原子组成的化合物的总称，分单糖、双糖和多糖，通常也分为复合性与单一性碳水化合物。运动所需的是复合性碳水化合物，而不是单一性碳水化合物。

复合性碳水化合物也叫作淀粉食物，一般是较自然而未加精炼的食品，包括马铃薯、全麦面包、面类、谷类食物、糙米、水果、豆类和蔬菜（根茎类）等。它们含有纤维质、维生素及矿物质等营养素。复合性碳水化合物含有铬，不易造成血糖大幅起落，因而能稳定血糖；而单一性碳水化合物会刺激胰脏分泌胰岛素，使血糖下降。胰岛素分泌过度会使体内储存更多脂肪。复合性碳水化合物还能增加肌肉肝糖的含量，同时也能增加细胞保留水分的能力，这样便可缓解运动中的脱水问题。

单一性碳水化合物是精制过的食品，通常吃起来是甜的，如糖浆、糖水、蛋糕、饼干等，它只含热量而含其他营养素很少。摄入单一性碳水化合物会增加血中胆固醇和三酸甘油酯含量，增大心脏病发病几率，还会增高血中尿酸，从而引发痛风。

食物中的碳水化合物，都要先分解成葡萄糖，才能被血液运送到细胞以提供能量。当这些葡萄糖不能满足能量的需求时肝脏及肌肉的肝糖就会被动用来提供能量，而过剩的糖分会以肝糖的形式储存起来。不过当肝糖储满后，剩余的糖分便会被转化成脂肪，储存在皮肤下的脂肪细胞中。因此即使是以碳水化合物为主的饮食，如果吸收了过多的热量，也会导致体内脂肪含量的增加。

（2）脂肪

脂肪也是由碳、氢和氧的原子组成的，有饱和脂肪与不饱和脂肪两种。一般来说，植物油内的脂肪都是不饱和脂肪。不饱和脂肪比饱和脂肪更有益于健康。摄取不饱和脂肪与摄取饱和脂肪相比，可以降低患上心血管疾病和各种癌症（如直肠癌）的机会。

脂蛋白是血液中运送脂肪的主要形态，它是血脂和蛋白质的结合体。高密度脂蛋白包含较多的蛋白质和相对少的胆固醇；低密度脂蛋白包含较多的脂肪和相对少的蛋白质。低密度脂蛋白较容易黏附在动脉的血管壁上，让血管变得狭窄而逐渐形成冠心病。反过来说，高密度脂蛋白能够带走血管壁上的胆固醇，也能抢占血管壁上的阵地，令低密度脂蛋白无处黏附，因而有助于预防心血管疾病。

（3）蛋白质

蛋白质是组成人体细胞的重要成分，也是身体不可或缺的能量来源，其热量高于糖类而低于脂肪，但较难消化，其中胶原蛋白是养颜及提高免疫能力之妙品。蛋白质除了碳、氢、氧外，还包含了氮元素，包括 20 种不同的氨基酸，其中 8 种不可以在人体内合成，必须从食物中摄取，称为必需氨基酸；其余 12 种可以在人体内合成，称为非必需氨基酸。成人每天应摄取约 0.7 克 / 每千克体重的蛋白质，最少也要有 0.356 克 / 每千克体重，但亦不可高于 1 克 / 每千克体重的摄取量，否则蛋白质会提高肾脏的代谢负担。

（4）矿物质

矿物质和维生素虽然不含能量，但它们均是维持人体正常运行的重要营养素，在调节机体代谢、酸碱度平衡、体温、神经肌肉兴奋性、心血管功能和维持运动能力方面起着重要作用。

长跑者的运动量较大，一些矿物质容易随汗液被排出体外，因此需要重点补充矿物质，其中最重要的有铁和钙，膳食中铁和钙的来源为动物肝脏、蛋类、豆类、芝麻、黑木耳、猪血、奶制品、海产品和蔬菜、水果等。

（5）**维生素**

由于运动过程中能量的消耗和一些自由基的产生，长跑者对一些维生素的需求要大于常人，比如维生素C和B族维生素，前者有提高耐力、消除疲劳、抗氧化和促进损伤恢复的作用，后者可以保护肌肉纤维、防治炎症、增强食欲。

一般来说，均衡的饮食已能够提供足够的维生素和矿物质，额外补充维生素或矿物质对提高运动成绩并无太大帮助。除有特别需要，如每周跑量多于五十公里，需要补充额外的抗氧化剂以防衰老，否则，没有必要再额外摄取。

（6）**水**

水也不含热量，但却是人体内的重要介质。在一般的气温下，人体每天会排放500毫升至700毫升的汗液，但在酷热的天气做剧烈运动时，汗液的流失可以高达800毫升至1200毫升。马拉松选手在正式比赛中会因汗液的流失体重下降6%～10%。跑步过程中水分的丢失，会使人心率升高，循环血液减少，体温升高，疲劳加速，而在长跑中补充水分则能有效降低体温，延缓疲劳，增长运动时间。研究表明，若运动中失水量达到体重的5%，运动能力会降低 20% ~ 30%，而且容易出现肌肉痉挛。因此，进行长时间的耐力运动时，水分的补充更显重要。

2. 提高升糖指数是关键

食物在人体内分解时所释放出的能量，必须先用来制造一种名为三磷酸腺苷（简称 ATP）的高能量化合物，并储存于肌肉细胞之中，只有 ATP 被分解时所释放出的能量，才能直接被应用到肌肉活动当中。

人体在运动的不同阶段，分别由三个不同的系统提供能量，其中两个可以在没有氧气的情况下合成 ATP，所以是无氧系统，它们是三磷酸腺苷－磷酸肌酸系统（ATP-PC 系统）和乳酸系统；另一个则要在氧气充裕的情况下才能正常运作，所以是有氧系统。除了糖原之外，有氧系统还可以用脂肪及蛋白质作为燃料合成 ATP。有氧系统可以生产数量无限多的 ATP。

短跑及其他持续时间较短的运动项目，主要由无氧系统提供能量；长跑等持续 10 分钟以上的运动项目则使用有氧系统。ATP-PC 系统及乳酸系统只在运动开始的阶段，即机体的摄氧量进入稳定状态之前（通常需要 2 ~ 3 分钟），或运动中途及最后冲刺时起积极的作用。

在长跑有氧供能系统的能量消耗过程中，先是由糖原提供运动能量，30分钟后，脂肪开始供能且比例会逐渐加大。随着运动时间的延长，肌糖原开始减少，肌肉会不停地从血液中吸取血糖，身体出现低血糖现象。当血糖低于一定值后，身体会提高脂肪供能的比例，以避免低血糖的发生。超过90分钟，最多到2小时后，体内的糖原会逐渐被耗光，肌肉就不得不依靠脂肪和蛋白质来供能了。

由于体内肝糖含量有限，因此运动后要设法恢复肌肉肝糖含量。在长时间激烈运动后，要完全恢复肌肉内的肝糖含量至少要经过48小时。某些剧烈运动可能需要更长的时间来恢复。因剧烈运动造成的细胞受伤，也会影响肝糖的恢复或再形成，像跑完马拉松后，需要约7日或更长时间来恢复肌肉内的肝糖含量。

在运动的各阶段补充不同含糖指数的碳水化合物，有利于身体更好地发挥运动水平。

如果运动的时间在60～90分钟，运动前补充低升糖指数食物，可以最大量地储存肌肉内的原糖和稳定血糖水平，以长时间的供应糖类来提升耐力。如果运动的时间短于60分钟，可以选择高升糖指数的食物，这些食物能很快被消化，迅速提供糖类。

运动中进食一些较高升糖指数的食物，适量补充糖，维持血糖水平，增加运动中糖和脂肪的供能量，降低肌糖原的损耗，减少蛋白质的供能比例，可使运动耐力增强，延缓疲劳的发生。

运动后摄取高升糖指数的碳水化合物，可以在短时间内提高血糖水平，恢复能量。

高碳水化合物食物的升糖指数

食物		升糖指数（葡萄糖=100）
高升糖指数	葡萄糖	97
	玉米片	84
	快煮马铃薯片	83
	烤马铃薯	85
	运动饮料	95
	豆形糖果	80
	白面包	70
	全麦面包	69
	西瓜	72
	蜂蜜	73
	低淀粉的米饭	88
中升糖指数	快煮燕麦	66
	瑞士早餐碎片	68
	马芬蛋糕	62
	汽水	68
	高淀粉米	59
	葛粉饼干	66
	冰淇淋	61
	熟透的香蕉	52
	芒果	55
	橘子汁	57
	蔗糖	65
	麦片粥	61
低升糖指数	杂粮面包	45
	麦皮碎片	42
	牛奶	27
	加味优格	33
	巧克力	49
	不熟的香蕉	30
	苹果	36
	橘子	43
	意大利面	41
	烤豆	48
	菜豆	27
	红扁豆	26
	果糖	23

3. 肌肉肝糖的超补方法

由于在长时间运动时（超过 60 分钟），肌肉肝糖的低含量（因运动消耗）与疲劳有关，因此如何在比赛前增加肌肉肝糖含量而延迟疲劳的发生是从事耐力运动者十分关注的一个问题。

典型的肌肉肝糖超补方法：此方法是在比赛前一周内实施两次衰竭运动（每次间隔三天），同时在第二次衰竭运动前后摄取不同碳水化合物含量之饮食。在第一次运动后连续三天食用低碳水化合物（约 10% CHO）食物，此时肌肉肝糖含量相当低而且会出现低血糖现象；在第二次衰竭运动后三天改食高碳水化合物之食物（约 90% CHO），肌肉肝糖的含量会大为增加，比平常的含量还要高出许多。

这种传统的方法，由于具有下列缺点已较少被采用。

①食物特殊，不易被选手接受，含 10% 或 90% 左右的碳水化合物不易准备且难以满足运动员的胃口。

②有运动伤害之危险，在第一次激烈运动之后三天均食用低碳水化合物食物，会使肌肉肝糖含量与血糖浓度降低，在体能与心理状态皆不佳的情形下，再从事第二次激烈运动，伤害发生的可能性将更大。

③影响比赛成绩，于比赛前三天从事激烈运动（即二次衰竭

运动),可能会影响比赛时的体能与表现,选手不愿尝试。

由于有上列三点瑕疵,因此新的肝糖超补方法应运而生。

修正后的肌肉肝糖超补方法:在比赛前一星期逐渐减少运动量(分别是运动90分钟、40分钟、40分钟、20分钟、20分钟、休息和比赛),且改变碳水化合物之摄取量,先摄取三天50%的碳水化合物,再于比赛前三天摄取70%的碳水化合物。这种方法亦可像典型肝糖超补方法一样增加相当多的肌肉肝糖含量,由于温和可行,在美国已有长距离选手采用此种方法来增进体能,改善成绩。

缺点:增加肌肉肝糖含量,对于长时间的耐力性运动似可改善其成绩,但对少于60分钟的耐力运动则影响不大,因为在70%～80%最大能力下运动60分钟,并不会使肌肉肝糖含量低到影响成绩的程度。但如果再继续运动(即在60分钟运动后)30分钟,则对体能和成绩的影响较大,因为这个时候肌肉肝糖的含量会再减少许多。

4. 跑步后如何进行科学补水

在跑步过程中,饮料的选择是根据运动时间来确定的,例如80分钟以内的运动补充一般的白开水即可,而长时间运动则应补充含糖饮料，超长时间的运动，如马拉松，则需补充含糖和电解质的饮料。

在运动前的24小时内，除了要摄取日常需要的水分（约8杯）外，在运动前的2～3小时，应喝进500毫升至600毫升的水或运动饮料；在运动前的10分钟至20分钟，应喝进200毫升至300毫升的水或运动饮料；每运动10分钟至20分钟，也要喝进100毫升至200毫升的水或运动饮料。

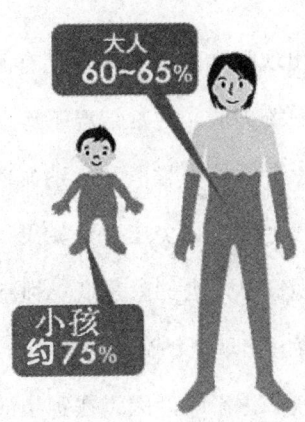

人体需要水补充能量

食用含适当盐分的食物或饮料，可充分补充因流汗失去的电解质（钠、钾）。因过度饮水会造成水中毒，所以所采用的液体成分中应该含有一定比例的糖类、无机盐类，但浓度均应较低，以低渗液体为佳，并应注意少量多次。一般认为，补液中糖的浓度不能超过 25g/L，无机盐浓度不应超过 20g/L，每 10～15 分钟应饮用 150～250ml 的低渗液体。

有不少参加过长跑甚至马拉松比赛的跑步者反映，跑步结束之后会出现恶心甚至呕吐的情况，呕吐时间有时长达半个小时。有一位跑步者表示，他在跑马拉松时只有遇到补给站时才会补水，其他时间都不喝水，但赛后还是出现了呕吐的情况。对于跑步后的呕吐情况，以及跑步运动后应该如何进行科学补水，专业跑步网站都给出了建议。

跑步者在运动后出现呕吐的情况大体上有两种原因，即肠胃系统失调和中枢神经系统失调。通常情况下运动导致的中枢神经系统失调包括脑震荡、劳累性中暑以及低钠血症等。脑震荡导致的中枢神经系统失调在跑步中很少出现，如果气温不高，劳累性中暑也不易出现。出现概率最大的就是低钠血症，当补充的水多于你损失的水时，就容易出现低钠血症。

跑步会对肠胃系统产生影响，因为在跑步的时候，肠胃系统的血流供应会减少，以便将更多的血液用于输送氧、营养素等，为肌肉的热传输提供便利。在这种情况下，人体摄入的水分可能就不会被很好地吸收，结果就是赛后可能会损失这些水分。如果跑步者出汗较多，损失的水分占到体重的 4%，内脏就会停止吸收水分，从而产生恶心的感觉，甚至呕吐。

针对这一情况，跑步者可以在跑步前和跑步后分别称一下体重，对自己的水分损失有明确的了解，水分的补给量不要超过损失量。跑步界一个常用的规则是，当口渴时才补水。

当觉得口渴的时候，往往已经达到脱水的程度，但也只是想稍微喝点水的感觉，所以必须喝超过想喝的水的分量。

运动结束后，要通过补充含碳水化合物的汽水、果汁或蔬菜汁、牛奶（根据运动时间长短补充250毫升到500毫升水）来排除体内毒素，摄取相当于体重流失（比较运动前后体重的相差，便可知道脱水的情况）150%的水分，以防出现脱水的情况。

5．训练前的饮食安排

总的来说，比赛或训练的最佳进食时间是赛前2～3小时，但如进食易消化的葡萄糖则可缩短至赛前一小时半。此外，脂肪和蛋白质消化较慢，应在运动前3～4小时食用；碳水化合物（谷类、果汁）较易消化，可在运动前两小时食用。

长期跑步需要合理饮食

运动前30分钟宜饮用流质食物，一般不会对运动造成不良影响，但不宜饮用糖分太高的饮料，以免因胰岛素的分泌而降低血糖的浓度，从而降低运动时的能量来源，妨碍运用脂肪作为燃料的功能,导致运动开始后不久便出现疲劳,最终影响运动成绩。

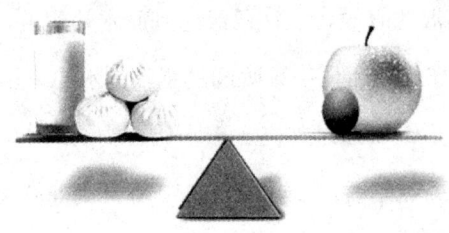

还需注意的是运动前应避免食用容易产生气体的食物。

如果想在比赛或练习中有好的成绩,在前一天就要考虑饮食的营养结构,从晚餐开始,做好合理的营养安排。

①上午八点进行比赛或练习的饮食安排

前一天晚餐和夜间加餐一定要富含糖类,喝足够的水,尽管如此,肝脏中肝糖的含量经过一个晚上已经降低,在练习或赛前就要通过补充糖类来提高运动成绩。

在运动前 90～120 分钟吃少量的早餐,例如面包加果酱,或是水果。但有的食物含太多脂肪,如汉堡、含肉比较多的包子等,既无法提供足够的糖类,又因不容易消化,会在胃中停留比较长的时间,从而影响比赛或练习,就要避免食用。

牛奶也会让有些人感到肠胃不适,因此也不宜食用。

如果吃得比较丰盛，就要提前两三个小时进食，以保证充分的消化时间。

如果不能提前进食，在运动前半小时喝一些运动饮料、吃几片面包以补充夜间体内消耗的肝糖也是可以的。

②上午十点进行比赛或练习的饮食安排

前一天的晚餐和夜间点心要富含糖类，补充足够的水分。

早餐时间宜在当天七点，丰盛而富含高糖类，保证有充足的时间消化食物，补充肝糖，且不会有肠胃不适的感觉。要避免油腻食物，因为其消化时间长，且提供的是脂肪，而不是我们需要的糖类。

③下午四点进行比赛或练习的饮食安排

前一天的晚餐和夜间点心要富含糖类，喝足够的水。当天早餐要丰盛，午餐要吃高糖类食物。午餐时间要在十二点，到下午三点时吃少量高糖类点心。

一天中必须保证饮用充足的水。如果吃得较少，可以从早上开始每 1～2 小时喝一大杯果汁，以保证体内有足够的肝糖含量。比赛或练习开始前半个小时再最后一次补充运动饮料。

④晚上八点进行比赛或练习的饮食安排

当天三餐要吃丰盛而富含糖类的食物，晚餐安排在下午五点。或者在下午六点吃少量但是富含高糖类的晚餐，避免高脂肪、不易消化的食物，如油炸食物、汉堡、肥肉等。

　　总之，不管是什么时间比赛、练习，通常的原则是，前一天晚餐和夜间点心必须富含糖类，喝充足的水。当天运动前两小时的正餐要富含糖类，前一个小时再吃少量的高糖类点心，例如面包、果汁或水果等。运动前半小时补充运动饮料。

第五章

常识

跑步者说　　跑步者说

1. 什么人不适合跑步

跑步是老少咸宜的运动，一般来说只要腰、膝盖和脚踝没有问题，身体条件又允许运动，都可以参加跑步。但对于一些特殊人群，进行跑步活动的时候还是得特别注意。岁数太小的小孩、身体情况特殊的女性、有疾病在身或刚做过手术的人以及老年人，都有部分不适合跑步或者完全不适合跑步的情况。

（1）年龄太小，慎跑步

有些家长喜欢每天清晨练长跑时拉着几岁大的孩子一起跑，这是不对的。因为儿童正处于生长发育阶段，肌肉纵向发展，肌力差，强度过大的长跑易使其肌肉疲劳，影响肌肉的正常发育。

儿童心脏较小，收缩力较弱，加上儿童胸廓小，肺通气量亦小，摄氧能力差，强度过大的长跑会加重其心肺负担，造成氧气供应不足。儿童长跑应量力而行、循序渐进，一般认为12岁以下的小孩每次跑步不宜超过 1000 米。

（2）身有疾病，不宜跑

有以下情况之一的，不适宜跑步：

①近三个月内曾发生过心绞痛者；

②作轻微动作就觉胸痛者；

③重症心瓣膜病患者；

④患先天性心脏病，运动能引起发作者；

⑤病理性心脏肥大者；

⑥高度心律不齐者；

⑦服降压药后，血压仍在 180/110 毫米汞柱以上的严重高血压病患者。

还有各种内脏病急性发作阶段的患者，如肝炎患者转氨酶升高时期、活动性肺结核、急性肾脏病、糖尿病较严重阶段和具有出血和出血倾向的患者，如支气管扩张吐血、消化道出血患者等，都不适宜跑步。另外，手术愈后 3 个月内的人不宜跑步。

（3）女性三个时期不适合跑步

女性在生理期应该中断跑步，停跑两三天很有必要，也不影响训练效果。如果因个人体质问题需要停跑更长时间，又不想影响锻炼效果，可以选择不那么剧烈的运动项目作为交叉训练，比如靠背坐式固定单车、瑜伽、力量练习等等。

孕妇适合的运动包括散步、骑自行车、孕妇体操等，而不适合跑步、跳跃以及球类等过于激烈或震动性较大的运动。运动时，如感觉累应及时休息，千万不能逞强或与别人攀比。对于有流产史的孕妇，更不要从事剧烈的运动。

做流产或引产手术后2～3天，不适合坚持跑步运动而应卧床休息。以后可下床活动，逐渐增加活动时间。

（4）老年女性不适合跑步

人在过了39岁以后，身体形态和机能方面都会出现一系列的衰退现象，如身高开始逐渐降低，体重却增加。

60岁以上女性骨质疏松的患病率高达60%～70%，如果加上体型较胖，脆弱的骨骼就很容易"不堪重负"，导致跑步时出现肌肉、肌腱、韧带损伤等问题。

因此，60岁以上的女性应尽量选择负重不大的锻炼方式，比如门球、散步、健身操、台球、体操、太极拳、瑜伽、气功、游泳、交谊舞等负重不大的运动，以更好地锻炼身体。

（5）三类老年人不适合跑步

①患有隐匿性疾病的老人

跑步有可能触及或诱发其潜在的疾病。例如，有的老人患有胆结石病，虽从未发过病，但即使慢跑，也有可能使位于胆囊底部的结石震落到胆囊颈部而引发绞痛。

②体形较胖的老年人

这类老人骨骼变脆、肌肉韧带变硬，若跑步，易致肌肉、肌腱、韧带损伤。这类老年人不宜跑步，而应以练太极拳、气功或体操为主。

③患严重高血压、冠心病、支气管炎等疾病的老人

这类老人跑步时机体耗氧量增加，易导致缺氧，进而诱发心肌梗死或脑血管意外。

2. 早上跑还是晚上跑

"哪个时间跑步是最佳时间？"对于这个问题，答案是无论早上、中午还是晚上，只要是自己能坚持的时间就是最佳时间。

早起晨跑可以养成良好的生活习惯，仿佛这一天会比别人多出来1～2个小时，新的一天由运动开始会让你活力倍增，比喝咖啡还要有效。早晨是一天的开始，也是心情舒畅的起点。由于早晨是人体体温最低的时候，晨跑让体温上升，对提升一整天的基础代谢有好处。但是晨跑对于没有早起习惯的人来说，很难坚持，尤其是寒冬时，也容易给心血管带来较大负担。

中午跑步，利用午休换上跑步装备进行短时间跑步，既能锻炼身体也不影响下午的工作，还可以避免下午犯困，比午休效果

要好。2005年美国的一项调查报告中提到：当中午安排锻炼时，工人的情绪、生产率、工作质量以及效率都有显著提升。但是对于上班族来说，中午跑步需要解决一个洗澡的问题，要不然下午整个办公室可能就都是汗臭味了。

夜跑可以放松一天紧张工作或学习后的精神，大汗淋漓之后洗澡睡觉，运动产生的轻微疲惫感会让你睡得特别香。晚上是人体体温最高点，也是非常适合运动的时间。晚上一般来说时间较为充裕，比较容易安排跑步。但是经过白天的学习、工作，积累的疲劳也容易使我们偷懒放弃。对于女性来说，夜跑也相对不安全。另外，夜跑如果太晚结束还有可能影响睡眠。

所以，没有绝对的"最佳"跑步时间，每个时段都有优缺点。跑步不是一项立竿见影的运动，需要长期坚持才能见到效果。能够持之以恒的关键在于，哪个时间最适合你，最容易将跑步融入你的生活。有些人早晨起不来，那就可以安排夜跑；有些人夜跑后会过分兴奋而影响睡眠，则可以考虑晨跑；有些人早出晚归，晨跑和夜跑都没时间，可以考虑午跑。

无论什么时间跑，都要注意不要空腹或饱腹跑步。最佳时间是在饭后 2～3 小时，至少 1 小时。在清晨空腹跑步时，最好提前 30 分钟饮用一些补充体力的运动型饮料或吃根香蕉。

强调一下，如果你习惯早上跑步，那么不要一起床就跑步，最好能够热身20分钟再开始。这是因为刚起床时身体机能还没有完全恢复，贸然进行运动，对心脏的负荷太大了，对此千万不能忽视。另外，出发前可以吃一点儿热量比较高的食物，比如一根香蕉、一块巧克力等，以补充能量。

3．跑步对环境的要求

视不同天气每天坚持跑步，既可以锻炼意志，又可以增强体质。当然，污染重的天气不适合跑步。

冷天跑步：由于冷空气的刺激，身体的造血机能发生变化，对疾病的抵抗力增强。所以，冷天坚持跑步的人，很少患贫血、感冒、气管炎和肺炎等疾病。冷天一般阳光较微弱，在室外跑步能弥补晒太阳时间的不足，阳光可促进身体对钙、磷的吸收，有助于骨骼生长发育。阳光中的紫外线还能杀死人体、衣服上的病菌，对人体起到"消毒作用"。

冷天气温较低，体表的血管遇冷收缩，血流缓慢，肌肉的黏滞性增高，韧带的弹性和关节的灵活性降低，在跑步前要充分做好准备活动，防止发生运动损伤。此外，冷天跑步还要注意身体、手、耳的保暖，防止冻伤。

热天跑步：热天气温高，如果跑步方法不当很容易中暑。在炎热天气跑步最好选择较凉快的清晨和傍晚。白天跑步应尽量避开强阳光的直射，戴上帽子，防止日射病。

风天跑步：风天跑步会感到呼吸费力，上不来气，这时应掌握好呼吸的节奏和深度，不要张口吸气，以防止冷风刺激咽喉和气管，引起咳嗽。若风太大，尘土飞扬，可改在室内运动。

雾天跑步：有雾的空气和无雾一样新鲜，只是空气潮湿些，吸进体内不会影响身体健康，所以雾天也可以照常跑步。因雾天的能见度不好，跑步时速度要慢一些，以防止发生跌伤等意外事故。

在有大气污染的地方，雾会阻止有害气体向空中扩散，使空气更加糟糕，在这样的地方，雾天不宜在室外跑步。

雨天跑步：若雨下得不大，可穿上短雨衣在柏油路上跑步，但速度不要太快，以免滑倒。跑完后要擦干身体的汗迹和雨水，尽快换上干衣服。

雪天跑步：雪天跑步要戴好帽子和手套，选择平坦的路面或在运动场上跑步，跑步时步子要小，频率要快，防止踏上不平的路面扭伤踝关节。雪天白雪茫茫，阳光下银光刺眼，不宜在强阳光下的雪地里跑步，以防止雪反射的光刺伤眼睛，引起雪盲症。

4．跑步会造成膝关节受伤吗

"跑步伤膝盖"这句话已经快让你听腻了吧？那"跑步会瘫痪"呢？到底是跑步对我们的消耗太强大了还是我们的身体太娇气了？或者这个问题可以成为你偷懒不想去跑步的借口？

但是，跑步方法不对真的会导致我们瘫痪的！

Joan Benoit Samuelson 是一位美国马拉松金牌运动员，如今已是年满 58 岁的老太太，但依然跑得很带劲儿。

而另一方面，一位女高管每天坚持在跑步机上奔跑，挥汗如雨，但是半年后，她却连走路都很困难，形同瘫痪。这是为什么？经研究发现，因为她超负荷的跑量与错误的跑步姿势导致她的髌骨关节软骨被磨掉了一半。

所以并不是跑步太强太毁人，也不是身体太娇气太脆弱，而是错误的跑步方法让身体受伤了。那到底哪些原因会导致我们在跑步中受伤呢？一起来看一下吧！

（1）跑步超标

做任何事都要有度，跑步也是如此。跑步本身会对膝盖、脚踝造成一定的压力，如果一跑就疯了，停不下来，会让膝盖、脚踝更加"压力山大"，造成一定的损伤。

（2）跑姿错误

错误的跑姿是最为严重的错误。很多跑者步伐太大且全脚掌着地,这种姿势不但没有起到缓冲和过渡的作用,还容易震伤颈椎、拉伤腹股沟,长此以往还可能引发胫骨骨膜炎。

部分跑步者跑步时是"内外八字形"的,这样跑步不但会加重膝关节的负担,造成损伤,还容易导致 X、O 型腿。

(3) 强行跑步

明知不可为而为之,作也!很多跑步者遇到气候复杂、路况不好的时候,还是坚持跑步,以表达自己对跑步的热爱,其实这无形中又让身体"中枪"了,因为在条件恶劣的情况下奔跑(如频繁的上下坡),会给膝盖带来巨大伤害,还有可能发生意外。

当然了,既然错误的方法会导致我们受伤,那么就会有正确的方法可以预防受伤,仔细看一下吧!

(1) 像选老公或老婆一样选跑鞋

所谓的跑步高手基本上都是跑鞋达人,并不是因为他们对鞋子有特殊的兴趣,而是他们深知一双好的跑鞋可以让他们跑得更安全、更放心、更有效。

(2) 跑前准备

跑前热身是很必要的,热身能使身体各系统机能较迅速地进入兴奋状态,让身体进入运动的状态,减少受伤的几率。

当然也要检查一下自己跑鞋的鞋带有没有系好,细心点总是没错的。

(3) 正确的跑姿

正确的跑步姿势不但能提高跑步效率，还能减轻身体的负担。想象自己是木偶被线拉着，挺直身体但不要施力；

稍微抬起下巴，直视前方，视线自然往前看；

肩膀放松，给手臂足够的甩动空间；

上身略向前倾，但是腰部保持中立挺直；

双臂前后挥动，但不要摆到身体前面，使身体扭动；

双手放松，轻轻握拳；

盆骨保持中立，不要撅着；

膝盖不用抬得太高；

控制步幅，避免过大，跑得快靠的是频率。

(4) 加强腿部柔韧性和力量的锻炼

预防膝盖受伤的不二法门就是拉伸和加强膝盖周围的肌肉力量。良好的柔韧性和强壮的肌肉能给膝关节提供更多的支撑和保护，减少落地时对膝盖的冲击，从而避免受伤。

(5) 理性跑步

理性跑步就是不要有意地增大对膝盖的压力。可以选择一个好的天气，尽量在橡胶跑道上、草坪上或平缓的道路上，根据自身的能力和状况适当跑步，因为这些都能帮助我们减少膝盖的压力。

(6) 重视小伤、小痛、小病

小洞不补,大洞难补!如果在跑步中遇到身体有什么不适,或者感觉到哪里有疼痛感,或者是受伤了,千万别再跑了,先停下来检查一下,找出原因,即使没什么大碍,也先好好休息下。如果严重甚至不知道病因在哪里,就要及时到医院进行专业的检查和治疗。

5. 每周跑几次比较好

如果是为了锻炼身体,保持健康,那么一般每周跑2~3次比较好,每次30~60分钟是比较合适的。平时工作日可以安排跑1~2次,周末和家人、朋友再跑一次,一起运动是给亲人和朋友最好的礼物。

你可以先花5~10分钟做热身运动,让肌肉热起来,使心脏做好运动的准备;然后再去做30分钟健步走、慢跑、打球等运动;最后再用5~10分钟压腿、下腰,做各种拉伸放松运动,让心率慢慢地平复下来,减少肌肉的酸痛。

30分钟以上的跑步可以提高你的心肺功能,加强心脏容量,同时还能强健韧带、肌腱和肌肉,让你在其他运动中也更有耐力和力量。对于刚开始跑步的人来说,目标可以定得低一点儿,可以先定 20 分钟，这个目标基本上不会让你觉得很不舒服，也较容易坚持，并且也能够给身体一个慢慢适应的过程。保持轻松和有节奏的呼吸，放松脚步，逐渐慢慢延长到 30～60 分钟。

有些狂热的跑步爱好者或者急于减肥的人会有每天都想跑步的冲动，我们建议最好一周也控制在 5 次以内。因为对一般人来说，超过这个范围会让身体的疲劳堆积，我们的绝大多数受伤并不是因为某一次"意外"而突然发生的，事实上每一次落地，肌肉、韧带和关节都会承受来自地面的冲击力，因此需要给身体一个休息、修复的时间，否则这些小伤害会慢慢积累下来，并在某一次的训练或比赛中"突然"出现。

所以，循序渐进、量力而行是锻炼中必须遵循的一个原则，运动是一辈子的事情，不用太急于求成。

6. 夜跑需要注意些什么

在这个热闹的城市中，夜跑似乎已成为时尚，很多上班族喜欢晚上约上朋友一起夜跑，希望可以起到减肥瘦身的作用。然而，这项运动带来的风险也同样不可小觑。

（1）最佳时间在晚餐一小时后

晚上的时间相对有限，为了早点跑完回家休息，不少"夜跑族"

选择了饭后即跑。夜跑需要大量的血液来提高氧分，但饭后又是肠胃运动的高峰，假如我们饭后即跑，会导致血液过多地流向运动的肌肉和骨骼，导致肠胃的消化过程受阻，进而引起肠胃疾病。

那么饭后多久夜跑比较合适呢？这个因人而异，但一般而言，应该晚饭一小时后再开跑。深夜最好不跑，早上跑最好也要等太阳升起，还要注意避开大风大雨、大寒大暑。

（2）尽量不要猛跑

夜跑过度导致运动性横纹肌溶解，进而引发肾衰竭的案例不在少数。特别是刚开始夜跑的年轻人，平时缺乏运动，如果为了"跟上队伍"勉强地过度夜跑，身体会很可能会无法适应，引起横纹肌溶解综合征。

肌肉分解产生的肌红蛋白会在肾小管中形成结晶，阻塞肾小管，轻则导致肾脏过滤功能下降，重则引发肾衰竭。另外，运动性横纹肌溶解还会导致人体血管、心脏和肝脏功能的损伤。

（3）不要在雾霾天夜跑

现在的空气状况不太理想，雾霾天气时有发生。雾霾的主要成分是PM2.5，它能进入人的血液中，引发心血管病、呼吸道疾病以及肺癌。在跑步的过程中，呼吸会更深，更容易将包括PM2.5在内的各种有害物质吸入体内。所以建议大家下载一个能提醒空气质量的App，根据空气状况决定是否夜跑。

(4) 中老年人要改跑为走

"夜跑族"中也有不少中老年人,他们是"夜跑族"中的一道风景。但是,中老年人的身体相对较弱,而夜跑又是比较耗体力的运动,所以建议中老年人改跑为走,这样自己放心,家人也放心。

(5) 调整好心态,循序渐进

很多"夜跑族"都在使用各种跑步软件,本来使用软件量化自己的运动,能更客观地记录和提升自己的跑步成绩。但是,现在慢慢变成了"刷排行榜",不断刷公里数和步数。其实,夜跑还是要调整好心态,循序渐进。

(6) 热身运动必不可少

夜跑之前,应该做足15分钟的热身运动,最好进行充分的拉伸。锻炼结束后做好保暖,防止感冒。做好准备工作会让你跑得更愉快。

(7) 喝点碱性饮料

夜跑的时候,可以适当地喝些碱性饮料,例如苏打水,这样可以减少引起横纹肌溶解的可能。另外,运动后要尽快排尿。

(8) 少用手机不分心

夜跑时,玩手机、听歌等不仅让夜跑的效果打折,也容易导致危险情况发生。既然选择了夜跑,就不妨全身心地投入,全心全意享受来自它的快乐。

此外,夜跑应该选择安全的地段,防止出现意外。

7. 小腹会痛是怎么回事

跑步之初,通常会有腹部疼痛的感觉,俗称"岔气"。大多数跑步者都碰到过这一状况,不得不停下脚步改跑为走,直到疼痛消失。

岔气的本质是身体从静止状态突然进入到运动状态,肌肉变得紧张,需要大量氧气,而肺脏不能如肌肉那样迅速提高吸气量,以满足肌肉活动时所需要的氧气,于是在交感神经的作用下膈肌(膈肌是主要的呼吸肌,位于胸腔和腹腔之间)骤然加大做功,导致收缩不协调,从而产生膈肌僵硬等现象,使腹部疼痛。另外呼吸不得法也是引起岔气的原因之一。

岔气除了疼痛外不会有更多的损害,而且随着运动的继续,身体得到"暖身",肌肉痉挛的情况就会慢慢得以缓解,疼痛就会慢慢消失,岔气也会渐渐好转。

引起岔气的常见原因如下:

跑前没有认真做热身活动,身体一下子进入激烈的运动状态中;

跑步时呼吸没有节奏、过浅，导致呼吸紊乱，人体得不到充分的氧气，引起横膈肌不协调；

饭后或大量饮水后立即跑步，使胃肠系统受到过分的震动、牵拉，从而引起疼痛。

如何预防岔气？在跑步前不要省略热身运动，可做一些缓和的运动或小步跑等动作，适当提高心率，让呼吸肌逐渐适应正在进入的运动状态。

开始跑步时速度要慢，慢慢提高到正常的速度，不要一下子加速。如果岔气了怎么办？岔气是由于呼吸肌痉挛，所以解决办法也很简单，减速，调节呼吸节奏，缓慢深呼吸，同时用手按摩疼痛部位，减轻疼痛。另外可以做下面两个动作：

①拉伸膈肌 20～30 秒。操作方式：双手交叉，掌心向上举过头顶，一边连续深呼吸，扩大胸腔，一边踮起脚尖小跑，持续 20～30 秒。

②双脚交叉后下腰，保持 30 秒，然后换脚交叉，再下腰保持 30 秒。

8. 跑步前后可以吃东西吗

饿着肚子跑步会使你耗尽精力。在你开始跑步前 1 个半到 2

个小时，你最好吃点小吃或者正餐。

选择一些高糖、低脂肪、低纤维、低蛋白质的食物。运动前补充能量的食物包括：花生酱面包圈，香蕉和能量棒，或者一碗冷麦片和一杯牛奶。远离丰富的、高脂肪的或者高纤维的食物，因为它们也许会让你的肠胃不舒服。

许多人认为在跑步前后都不应该吃东西，我建议只要不是太接近运动时间，适量地进食可以避免因跑步时消耗热量而造成的血糖降低。当进食时间过于接近运动时间时，因为食物尚未完全消化转化成能量，而且在跑步时身体上下震动，留在胃里的滞留物容易导致胃酸分泌失常。如果必须在运动前吃东西，可以选择能够快速被吸收的食物，如流质食物等，且最好在运动前一个半小时食用完毕。

有些人会在跑步前饮用能量包，其实能量包的热量很高，是给长时间运动的人食用的，一般的慢跑者只要平时适当饮食即可。能量包无法让你跑得更快、更久，只是补充热量，如果运动的时间与强度不够，反而是多余的。在长跑前或长跑中间补充能量包的，多半是因为训练不够充分，身体尚未完全适应长跑的强度，训练得宜的长跑选手在跑步的过程中，只要补充水分与电解质就可以了。

另外，运动造成体内水分流失过多，会导致体内电解质不平衡，因此适当地饮用运动饮料可以补充微量维生素与电解质，但这也是时间长、强度大的运动才需要的，如果运动时间低于一小时，不一定要喝运动饮料。

跑步后饮食对身体造成的负担没有跑步前大，跑步结束后45～90分钟就可以吃东西。有人认为跑步后吃东西吸收能力佳，反而会吃更多，等于抵消了运动的效果，其实这是错误的观念，如果跑完后有饥饿感却不吃东西，刻意将进食时间延后一点儿，反而不知不觉吃下更多食物，更得不偿失。另外，有些人跑完后身体处于兴奋状态，没有食欲而不吃东西，这时身体容易缺乏能量，造成血糖低，抵抗力也降低，正确的做法是在稍作休息后进食。

9. 跑步需要喝水吗

你之前肯定听说过在感到口渴之前就要喝水，每天需要喝8杯水的说法，这些听起来很对。但是这些观点与事实并不相符。不幸的是，这些建议曾经导致很多运动员在训练中饮水过度。这很危险，可能导致一系列严重的后果。

2015年2月，17位国际知名运动医学家、运动生理学家和专业教练围绕液体失衡问题以及如何在训练中避免这类状况举办

了专业研讨会。他们的研讨结果已经在《中国运动医学杂志》上发布，并且给出了最新的专家建议。

根据《跑者世界》专栏作家 Alex 报告中的观点，在训练前、训练中和训练后过度饮水，会导致你血液中的钠浓度降低至正常水平以下。如果是这样，你的肾脏会因为压力而不能排出多余的水分。这时你的细胞就开始吸收水分，这样会引发身体水肿和运动低钠血症。运动低钠血症会从轻度（头晕、恶心）变得严重（头痛、呕吐、混乱、痉挛），甚至可能威胁生命。

运动低钠血症常见于军事训练、马拉松、铁人三项和极限马拉松项目中。它的病因是在持续的流汗和排尿时期喝了太多液体（水或者运动饮料）。那些小体型、慢跑者和饮水量超过排汗量的人得运动低钠血症的风险很高。参加长距离竞技项目的人，比如极限马拉松和铁人三项选手，在炎热和潮湿的环境中也容易出现这种症状。这是因为这些运动员长时间流汗，并且很难在竞争中从充足的食物和饮料中获得钠元素。

专家组建议，在运动中倾听自己身体的声音是保证你安全的关键。如果在运动中感觉不舒服（头晕或恶心），你应该立即停止运动去看医生。当口渴的时候，再喝水。口渴时喝水是避免脱水和过度饮水的一个好办法。在你感觉口渴之前喝水的唯一情况是，你参加的运动项目会导致迅速大量出汗。在这种项目中，你最好做一个饮水计划，在运动期间和完赛后补充电解质。

所有跑步者遵循下面的小贴士就能保证你合理、安全地饮水。

①当你感觉口渴时，拿起水杯小口吸吮几下。

②假如你参加的是耐力性运动（超过1～2小时），可以在补给站交替补充水和运动饮料。

③在参加耐力性项目之前，可以多吃一些富含钠元素的食物。

④在大汗淋漓之后（尤其是可以在衣服上看到白色的盐粒），可以补充一些食用盐。食用盐中富含大量的钠元素。

10. 跑步穿什么鞋合适

随着人们健康意识的提高，很多人开始选择用跑步来锻炼身体，以释放压力，放松心情。不过在跑步过程中很多人都忽视了跑鞋的选择，殊不知人在跑步时，鞋子的选择大有文章。那么，跑步穿什么鞋好呢？下面就让我们一探究竟吧！

当你准备开始跑步时，一件很重要的事就是了解自己的脚型，然后买一双符合自己脚型特点的跑步鞋。只有这样你的锻炼才会顺利地进行下去，同时避免受伤。跑步穿什么鞋更舒服就选择什么鞋，一般跑步最好是选择专用跑鞋。

①体重较重的人跑步穿什么鞋合适呢？建议选择控制动作类

的跑鞋,它能提高跑步者对脚跟和跑步动作的控制,并能支持足弓部位。其外部特点是足弓部位加厚,鞋的重量中等偏重。

②跑步技术较好,用脚前掌或中部落地,用脚掌与外侧支撑的人跑步穿什么鞋合适呢?可以选择减震加垫类,鞋的重量中等偏重,鞋底较厚。

③轻度至中度内翻脚型,用脚中部与外侧支撑的人跑步穿什么鞋合适呢?建议选择稳定类的鞋,鞋的自重量中等。

④跑步技术好,体重较轻或脚轻度内翻的人跑步穿什么鞋合适呢?选择比赛类的鞋,鞋的自重量较轻。

⑤在土地、林间等自然地面上跑步穿什么鞋合适呢?可选越野类的鞋,鞋底较厚,沟槽较深,鞋的自重量较重。

⑥在跑步机上穿什么鞋呢?我推荐慢跑鞋。后跟牢固,才能使脚踵稳定,不易倾斜。鞋跟宽大稳固,鞋底有柔软的夹层,可以吸收冲击的效果。

由此看来,跑步穿什么鞋因人而异,想要买到一双真正合适的、称心如意的跑步鞋,首先得从了解自己的脚型开始。

11. 新手初级跑步计划

新手8周跑步训练计划。

新手8周跑步训练计划的目标是让你能以缓慢放松的步速完

成30分钟（大约3公里的路程）的跑程。此训练计划开始时以步行为主，逐渐变为以跑步为主，简单且循序渐进。如果你能够持续跑3公里的路程而不用停下来，就可以进入下一个训练阶段了。但你如果只想每周练习3~4天的话，研究指出这样已经足以帮助你减重或者保持体重，并且能够改善许多重要的身体机能，例如心血管、血压等。如果你决定进行强度更大的跑步训练的话，就可以继续使用专业跑步教练工具设定更多的训练计划。开始的3公里是最困难的，但如果你达到了这个目标，其他的一切就会变得很容易。你只需要安排好自己的时间，耐心并且按部就班地做就能够轻松达到目标了。

在开始你的8周跑步训练计划之前要看看以下四个注意事项：

①如果超过40岁或者超重约20斤，一定要先咨询医生的意见才可以开始训练计划。但除非这会对身体构成生命危险，一般医生都会鼓励你实施这种"走-跑"结合的锻炼。

②计划好你的时间。只有你安排出时间才会有锻炼的时间。将运动的计划列入你的行程表中，而且还要写在不同的地方，例如电脑、冰箱门上，来不断提醒你。

③做好出现坏天气的准备。我们总会遇上不好的天气，但坏天气很快就会过去，而且每一次训练都会比上一次的要好，所以

一定要坚持,坚持,再坚持!

④不要操之过急。欲速则不达,太急于求成可能会引起受伤和失落等。所以一定要耐心,循序渐进。你的目标是坚持跑30分钟,而不是打破世界纪录。

第一周:

星期一	星期二	星期三	星期四	星期五	星期六	星期天
慢跑和步行 慢跑1分钟 行走2分钟 重复10次	步行 轻松步行 30分钟	慢跑和步行 慢跑1分钟 行走2分钟 重复10次	步行 轻松步行 30分钟	慢跑和步行 慢跑1分钟 行走2分钟 重复10次	慢跑和步行 慢跑1分钟 行走2分钟 重复10次	休息

训练提示:为了给训练增加能量,你可以在出门前的两小时吃一点儿水果或者巧克力,然后在出门前一小时喝适量(约240克)运动饮料,这样既能保证你有充足的水分,也能补充钠和钾。

第二周:

星期一	星期二	星期三	星期四	星期五	星期六	星期天
慢跑和步行 慢跑2分钟 行走1分钟 重复10次	步行 轻松步行 30分钟	慢跑和步行 慢跑3分钟 步行1分钟 重复7次 慢跑2分钟	步行 轻松步行 30分钟	慢跑和步行 慢跑4分钟 步行1分钟 重复6次	慢跑和步行 慢跑4分钟 步行1分钟 重复6次	休息

训练提示:开始训练前可先慢走2~3分钟热身,训练结束后再慢走2~3分钟放松。不要在跑步前舒展关节,而应该在训练后或晚上看电视的时候进行。

第三周：

星期一	星期二	星期三	星期四	星期五	星期六	星期天
慢跑和步行 慢跑5分钟 步行1分钟 重复5次	步行 轻松步行 30分钟	慢跑和步行 慢跑5分钟 步行1分钟 重复5次	步行 轻松步行 30分钟	慢跑和步行 慢跑6分钟 步行1分钟重复4次 慢跑2分钟	慢跑和步行 慢跑6分钟 步行1分钟重复4次 慢跑2分钟	休息

训练提示：跑步过程中双臂一定要保持放松。跑步时手肘弯曲约90度，在腰间前后摆臂。手指弯曲成放松的拳头，不要让手在上身中部胡乱地摇摆。

第四周：

星期一	星期二	星期三	星期四	星期五	星期六	星期天
慢跑和步行 慢跑8分钟 步行1分钟 重复3次 慢跑3分钟	步行 轻松步行 30分钟	慢跑和步行 慢跑9分钟 步行1分钟 重复3次	步行 轻松步行 30分钟	慢跑和步行 慢跑10分钟 步行1分钟 重复2次 慢跑8分钟	慢跑和步行 慢跑11分钟步行1分钟 重复2次 慢跑6分钟	休息

训练提示：如果天气炎热，一定要涂防晒霜，戴上太阳眼镜和鸭嘴帽，防止阳光直射脸部。如果天气特别炎热潮湿，一定要注意多行走休息。尽可能在清早或者傍晚的时候跑步。

第五周：

星期一	星期二	星期三	星期四	星期五	星期六	星期天
慢跑和步行 慢跑12分钟 步行1分钟 重复2次 慢跑4分钟	步行 轻松步行 30分钟	慢跑和步行 慢跑13分钟 步行1分钟 重复2次 慢跑2分钟	步行 轻松步行 30分钟	慢跑和步行 慢跑14分钟 步行1分钟 重复2次	慢跑和步行 慢跑15分钟 步行1分钟 慢跑14分钟	休息

训练提示：有时你可以跳过行走和跑步的训练，做一些交替运动，如骑 30 ～ 40 分钟单车等。跑步训练期间的间歇能让你更快地恢复精力，同时还能够锻炼到新的肌肉群。

第六周：

星期一	星期二	星期三	星期四	星期五	星期六	星期天
慢跑和步行 慢跑 16 分钟 步行 1 分钟 慢跑 13 分钟	步行 轻松步行 30 分钟	慢跑和步行 慢跑 17 分钟 步行 1 分钟 慢跑 12 分钟	步行 轻松步行 30 分钟	慢跑和步行 慢跑 18 分钟 步行 1 分钟 慢跑 11 分钟	慢跑和步行 慢跑 19 分钟 步行 1 分钟 慢跑 10 分钟	休息

训练提示：跑步是锻炼骨骼的好方法，所以你有必要补充充足的钙质——每天 1000 毫克，如果你已 50 岁以上，则每天需要 1500 毫克。低脂牛奶、低脂酸奶和深绿色叶片蔬菜都是钙质的重要来源。

第七周：

星期一	星期二	星期三	星期四	星期五	星期六	星期天
慢跑和步行 慢跑 20 分钟 步行 1 分钟 慢跑 9 分钟	慢跑和步行 慢跑 20 分钟 步行 1 分钟 慢跑 9 分钟	慢跑和步行 慢跑 22 分钟 步行 1 分钟 慢跑 7 分钟	步行 轻松步行 30 分钟	慢跑和步行 慢跑 24 分钟 步行 1 分钟 慢跑 5 分钟	慢跑和步行 慢跑 26 分钟 步行 1 分钟 慢跑 3 分钟	休息

训练提示：新手跑步者通常会觉得胫骨、肋骨或者膝盖酸痛，如果你在训练后能够及时冰敷，这些痛感很快就会消失，你还可以把豆子装进袋子冷藏后敷在膝盖上 15 分钟。如果疼痛还持续，就需要停止几天的训练。

第八周：

星期一	星期二	星期三	星期四	星期五	星期六	星期天
慢跑和步行 慢跑27分钟 步行1分钟 慢跑2分钟	慢跑和步行 慢跑20分钟 步行1分钟 慢跑9分钟	慢跑和步行 慢跑28分钟 步行1分钟 慢跑1分钟	步行 轻松步行 30分钟	慢跑和步行 慢跑29分钟 步行1分钟	慢跑和步行 慢跑30分钟	休息

训练提示：要想呼吸新鲜的空气让肺部健康，尽量不要到繁忙的街道或者在交通高峰时跑步。找一个车辆比较少的地方，这样废气就可以很快驱散。最好是能够找一些绿化带或公园等。作为一个新手跑步者你很快就能够成功了，但锻炼是永远没有止境的，让我们为生活而奔跑吧！